AF292082

Martin Kuckenburg

Friedrich Engels'
Ursprung der Familie
- 137 Jahre danach -

Studien zu Friedrich Engels' Schrift
'Der Ursprung der Familie, des Privateigentums
und des Staates' -Teilband 1 -

Bibliographische Information der Deutschen Nationalbibliothek: Die Deutsche Nationalbibliothek verzeichnet diese Publikation in der Deutschen Nationalbibliographie; detaillierte bibliographische Daten sind im Internet über dnb.dnb.de abrufbar.

Herstellung und Verlag: BoD - Books on Demand, Norderstedt

ISBN: 9783754301654

Inhaltsverzeichnis

Vorbemerkung

Friedrich Engels' 1884 erschienene Schrift *,Der Ursprung der Familie, des Privateigentums und des Staates'* gehört zu den wichtigsten und bekanntesten Grundlagenwerken des Marxismus. In diesem durch die Forschungen des amerikanischen Anthropologen Lewis Henry Morgan inspirierten Buch entwarf der Freund und Mitstreiter von Karl Marx eine zugleich kompakte wie umfassende Gesamtschau der Frühgeschichte der Menschheit, der Herausbildung der Klassengesellschaft und staatlicher Machtstrukturen auf der Basis des Wissens seiner Zeit.

Engels' Schrift erschien seither in zahllosen Ausgaben und Übersetzungen und wurde zur Grundlage des Studiums der Frühgeschichte in den realsozialistischen Staaten, aber auch unter einer ganzen Generation junger Linker und Marxisten im Westen. Auch heute wird der *,Ursprung'* durchaus nach wie vor gelesen und diskutiert, wie ein Blick in linke Internetforen und in die entsprechenden Angebotsseiten der Online-Buchanbieter zeigt. Dabei fehlt es den Lesern freilich oftmals an Hintergrundwissen über den heutigen Stand der frühgeschichtlichen Forschung, um Morgans und Engels' mittlerweile mehr als hundert Jahre alte Theorien adäquat beurteilen und auf ihre aktuelle Relevanz hin überprüfen zu können.

Die vorliegende Arbeit möchte diese oft beklagte Lücke schließen helfen. Sie will zum einen die wichtigsten Hypothesen in Engels' 137 Jahre alter Schrift mit dem heutigen Forschungswissen abgleichen und kritisch, aber nicht besserwisserisch auf ihren aktuellen Deutungswert und ihre heutige Relevanz hin überprüfen. Dem Leser soll mit anderen Worten ein aktueller *,Faktenpool'* und weitere für das Verständnis des *,Ursprungs'* wichtige Hintergrundinformation an die Hand gegeben werden, um eine kritische Lektüre und Einordnung des Werkes auf der Basis des heutigen Wissens zu ermöglichen. Da der aktuelle Forschungsstand zu zahlreichen Fragen dabei mehr oder minder ausführlich referiert wird, läßt sich die kritische Bestandsaufnahme zugleich auch als eine Art aktuelles *,Update'* zu diesem Schlüsselwerk des Marxismus lesen und verstehen.

Darüber hinaus möchte ich Engels' Darstellung und Frühgeschichtsbild aber auch in ihren zeitgeschichtlichen und biographischen Zusammenhang stellen, da erst durch eine solche kontextuelle

Analyse ihr tieferes Verständnis ermöglicht wird. Durch diese Einbettung in Engels' Leben und Schaffen und in das damalige Zeitmilieu wird die Studie zugleich auch zu einem aufschlußreichen Zeitzeugnis und einem instruktiven ‚Wissenschaftskrimi'.

Schließlich sollen auch noch eine Reihe von Einseitigkeiten und ‚blinden Flecken' in Engels' Schrift wie etwa ihre ausschließliche Fixierung auf die historische Entwicklung im Westen unter nahezu vollständiger Ausblendung des Orients diskutiert und problematisiert werden. Auch hier geht es indes nicht um eine beckmesserische Kritik an Engels, sondern vielmehr um eine Nachzeichnung seiner damaligen Zielsetzungen und Arbeitssituation, um seine Auslassungen und selektiven Schwerpunktsetzungen - die in der Geschichte des Marxismus freilich schwerwiegende Folgen hatten – gleichermaßen nachvollziehbar wie in fundierter Weise kritisier- und überwindbar zu machen.

Die Gesamtstudie wird vier Teilbände umfassen und sukzessive im Lauf der Jahre 2021 und 2022 erscheinen.

Teilband 1 (= vorliegender Titel):
Die Entstehung des *Ursprung* vor dem Hintergrund der Biographie von Engels und Morgan und ihre Hypothesen zur Entwicklungsgeschichte der Familie (mit einer aktuellen Einordnung).

Teilband 2:
Das kulturgeschichtliche Entwicklungsmodell von Morgan und Engels auf dem Prüfstand der modernen Archäologie.

Teilband 3:
Die Herausbildung gesellschaftlicher Machtstrukturen und des Staates aus der Sicht des *Ursprung* und der modernen Anthropologie (unter spezieller Berücksichtigung von Engels' Konzept der *Militärischen Demokratie*).

Teilband 4:
Die Ausblendung des Orients im *Ursprung* und Marx' Konzeption der ‚asiatischen Produktionsweise'.

1 Einleitung: Friedrich Engels – Mitbegründer des Marxismus

In der populären und wissenschaftlichen Literatur der letzten hundert Jahre wurden die Begründer des Marxismus - Karl Marx und Friedrich Engels - zuweilen ähnlich dargestellt wie das legendäre Duo Sherlock Holmes und Dr. Watson in der klassischen Kriminalliteratur: Auf der einen Seite der kühle und überlegene Denker, der selbst komplexeste Sachverhalte und Zusammenhänge rasch mit analytischem Scharfblick durchschaut, auf der anderen Seite der emsig bemühte und als Begleiter nicht wegzudenkende, aber eher schlicht gestrickte Adlatus, dessen fast schon anrührende intellektuelle Mittelmä-ßigkeit die Brillanz des Meisters nur umso deutlicher hervortre-ten läßt.

„Zweite Violine"

Engels selbst trug nicht wenig dazu bei, dieses beliebte und verbreitete Bild vom überlegenen Genie und seinem eher me-diokren ‚Sidekick' in der Marxismusforschung zu nähren und zu befördern. In einem seiner Spätwerke bekannte er bei-spielsweise freimütig:

„Was Marx geleistet, hätte ich nicht fertiggebracht. Marx stand höher, sah weiter, überblickte mehr und rascher als wir andern alle. Marx war ein Genie, wir andern höchstens Talente" (MEW 21, S. 292). ((1))

Auch in seiner Korrespondenz mit Parteifreunden räumte er neidlos ein, Marx sei *„uns allen durch sein Genie, seine fast übertriebne wissenschaftliche Gewissenhaftigkeit und seine fabelhafte Gelehrsamkeit weit überlegen"* (MEW 35, S.230). ((2)) Und nach dem Tod des Freundes im März 1883 klagte er in einem Brief an einen Parteifreund:

„Ich habe mein Leben lang das getan, wozu ich gemacht war, nämlich zweite Violine spielen. (...) Wenn ich nun aber plötzlich in Sachen der Theorie Marx vertreten und erste Violine spielen soll, so kann das nicht ohne Böcke abgehn, und niemand spürt das mehr als ich" (MEW 36, S.218). ((3))

Unterschiedliche Charaktere

Solche Äußerungen dokumentieren Engels' Bescheidenheit im Hinblick auf den von ihm bewunderten Freund, und doch sind sie in dieser Form falsch. Mit Sicherheit war Marx zwar der geniale Denker und Analytiker, als der er oft beschrieben wurde, doch vermutlich gerade aufgrund seines wissenschaftlichen Perfektionismus schürfte er nicht selten so tief, dass ihm auf halber Strecke die Luft ausging und er bereits Begonnenes und zum Teil auch schon weit Fortgeschrittenes – am bekanntesten die Bände 2 und 3 des *‚Kapital‘* – nicht zu Ende führte und im Rohzustand zurückließ. Bei einer weniger bedeutenden und herausragenden Persönlichkeit würde man vermutlich mit allem Respekt von einem ‚Genie mit leicht chaotischen Zügen‘ sprechen. ((4))

Der verglichen mit Marx sehr viel praktischer veranlagte und sozialisierte Industriekaufmann Friedrich Engels hingegen war ein nicht ganz so pedantischer, aber gleichfalls blitzgescheiter und ausgesprochen ‚schneller‘ und zielorientierter Denker, dem Vieles offenbar ohne allzu große Anstrengung gleichsam ‚zuflog‘ oder aus der Feder floß und der an größere Projekte auch deutlich fokusierter und arbeitsökonomischer heranging als der sich nicht selten in der Breite und Tiefe des Stoffes verlierende Marx. ((5)) „In ihrer Zusammenarbeit ergänzten sie daher einander gut", schrieb der Marx-Forscher und –Biograph Werner Blumenberg 1962:

„Während Marx erst nach eingehendem Studium und systematischer Durchdringung des Stoffes und nach langem Ringen sich schöpferisch äußern konnte, hatte Engels ein erstaunliches Orientierungsvermögen; er übersah rasch ein Problem in seiner Verknüpfung und äußere sich elegant, unbekümmert und doch treffend darüber." ((6))

Netzwerker und Inspirator

Bekannt geworden ist Engels, der im Bekanntenkreis auch den Spitznamen ‚General' trug, vor allem als unermüdlicher und energischer Ratgeber, Inspirator und Lenker der Arbeiterbewegung des späten 19. Jahrhunderts. Obwohl er nur kurz in seinem Leben (1870-72) ein offizielles Organisationsamt als korrespondierender Sekretär der Ersten Internationale ausübte, war er als steter politischer Impulsgeber und als begnadeter ‚Netzwerker' - wie man heute sagen würde – eine der führenden und prägenden Persönlichkeiten des internationalen Sozialismus. Zu seinem beträchtlichen Einfluß trug auch bei, dass er anders als sein zumindest in den letzten Lebensjahren eher zurückgezogen lebenden und arbeitender Freund Karl Marx zeitlebens ein ausgesprochen geselliger Mensch war, der stets ein offenes Haus für Freunde, Verwandte und Bekannte unterschiedlicher Couleur hatte, darunter auch viele Parteiführer der damaligen Sozialdemokratie. Bei ihren häufigen Besuchen gab es stets reichlich Gelegenheit zu tage- und nächtelangen Gesprächen und Diskussionen, und darüber hinaus unterhielt Engels auch noch eine umfangreiche Korrespondenz mit den wichtigsten Protagonisten der sozialistischen Arbeiterbewegung und übte auf diese Weise einen zwar informellen, aber dennoch äußerst wirksamen Einfluss aus.

Neben diesen in seiner Biographie oft in den Vordergrund gestellten ‚praktischen' Seiten seines Wirkens waren aber vor allem auch Engels' zahlreiche bewußt populär verfaßte und daher ausgesprochen massenwirksame politische und theoretische Schriften von Engels ((7)) für seine weithin anerkannte und respektierten Stellung innerhalb der zeitgenössischen Arbeiterbewegung ausschlaggebend. Anders als der promovierte Philosoph Karl Marx hatte der Fabrikantensohn (von einer kurzen Phase als Gasthörer an der Berliner Universität während seiner Militärzeit 1841/42 abgesehen) niemals ein Universitätsstudium absolviert und besaß somit keine akademische Ausbildung, ja er konnte als 17-jähriger entgegen seinem Wunsch noch nicht einmal das Gymnasium beenden, weil für ihn eine Ausbildung zum Industriekaufmann im väterlichen

Textilunternehmen Ermen & Engels in Barmen und Manchester vorgesehen war. Offenbar plagte Engels wegen dieser fehlenden akademischen Ausbildung lebenslang ein gewisser Minderwertigkeitskomplex – 1868 beantwortete er etwa auf einer sog. ‚Bekenntnisliste‘ von Marx‘ Tochter Jenny die Frage nach seiner *„Haupteigenschaft"* mit der zwar scherzhaften, aber vielleicht zur Hälfte auch ernst gemeinten Angabe: *„Alles halb wissen."* ((8))

‚Elegante Feder‘ und enzyklopädisches Wissen

Trotz oder gerade wegen dieses fehlenden akademischen Hintergrunds entwickelte sich Engels dank seiner langjährigen intensiven Privatstudien gewissermaßen als *„Autodidakt"* zu einem der vielseitig gebildetsten und belesensten Theoretiker und Intellektuellen der sozialistischen Bewegung seiner Zeit. Neben dem politischen Allgemein- und Tagesgeschehen verfolgte er aufmerksam und zum großen Teil auch im Detail die zahlreichen sich damals überstürzenden Entdeckungen und bahnbrechenden Entwicklungen in den verschiedensten Wissenschaftszweigen und studierte ebenso wie sein Freund Karl Marx „in geradezu enzyklopädischer Breite" eine Unmenge von Büchern und Artikeln über die unterschiedlichsten Wissensgebiete. ((9)) Dabei kamen ihm seine in Insiderkreisen legendären Sprachkenntnisse zugute, denn Engels beherrschte an die zwei Dutzend Fremdsprachen, die er quasi nebenbei erlernt hatte und die ihm die Lektüre auch fremdsprachiger Publikationen mühelos ermöglichten.

 Stärker und schneller als sein akademisch ausgebildeter Freund Karl Marx verarbeitete er das auf diese Weise erworbene Wissen auch zu eigenen Texten und Publikationen. Während Marx wohl nicht zuletzt aufgrund seiner wissenschaftlichen Akribie zu ausufernden Studien und kaum enden wollenden Recherchen neigte und vor allem in seinen späten Jahren eine Unmenge an Material zusammentrug und ohne irgendein publizistisch verwertetes Resultat studierte, von dessen Existenz nicht einmal mehr sein engster Freund etwas wußte (vgl. Teilband 4 dieser Studie), war Engels seit seinem Ausscheiden aus der väterlichen Textilfirma 1869 fast pausenlos damit beschäftigt, die von den beiden entwickelten Theorien und Ideen in populären Büchern, Artikeln und Broschüren für eine breite Arbeiterleserschaft verständlich aufzubereiten und unters sozialistische Parteivolk zu bringen. Wie schon ein flüchtiger Blick in die entsprechenden Übersichten zeigt, stammte der überwiegende Teil der unter dem Markenzeichen ‚Marx/Engels' bekannten Werke seit den 1870er Jahren von Engels, während in der Zeit davor Marx die meisten und wichtigsten Publikationen veröffentlicht hatte. ((10)) Selbst Manches unter Marx' Namen Publizierte und bekannt Gewordene stammte – von Zeitungsartikeln aus den 1850er Jahren bis zu den Bänden 2 und 3 des ‚Kapital' – tatsächlich zu Gänze oder zumindest teilweise von Engels, dem sein berühmterer Freund auch zahllose Anregungen und Korrekturen in ökonomischen Detailfragen verdankte.

Begnadeter Popularisierer

Der ambitionierte Privatgelehrte und rührige Propagandist Friedrich Engels wurde auf diese Weise zum großen Multiplikator und „begnadeten Popularisierer" (Gerd Koenen) ((11)) der vorwiegend unter Marx' Namen bekannt gewordenen, aber maßgeblich auch von ihm selbst mitgeprägten Ideen innerhalb der zeitgenössischen Arbeiterbewegung, und er lieferte ganz überwiegend den Lese- und Wissensstoff, der in den damaligen sozialdemokratischen Parteikreisen rezipiert und in sozialistischen Schulungszirkeln gelehrt und studiert wurde. Nicht etwa Marx' ‚Kapital' oder das ‚Kommunistische Manifest', sondern Engels' ‚Anti Dühring' aus dem Jahr 1878 und die daraus zusammengestellte kleine Schulungsschrift ‚Die Entwicklung des Sozialismus von der Utopie zur Wissenschaft' (1880) waren die seinerzeit am meisten gelesenen und einflußreichsten marxistischen Schriften, die zahllose Arbeiter und sozialdemokratische Intellektuelle von dieser spezifischen politischen Denkrichtung des Sozialismus überzeugten und für sie gewannen, wie Zeitzeugen immer wieder bekundet haben. ((12)) Nicht zuletzt deshalb wird Engels seit einiger Zeit auch ein wenig etikettenhaft, aber im Grunde doch zutreffend als der eigentliche ‚Er-

finder des Marxismus' als ausgearbeitetem politischem und
weltanschaulichem System bezeichnet. ((13))

Seine diesbezüglichen Popularisierungen erfolgten übrigens keineswegs im Gegensatz zum angeblich weitaus offeneren und ‚weniger dogmatischen' Denken von Karl Marx, wie vor allem linke Intellektuelle bis heute immer wieder behaupten, ((14)) sondern mit dessen ausdrücklicher Billigung. So las Engels dem Freund nach eigenen Angaben beispielsweise seinen von Kritikern oft als Negativbeispiel genannten *‚Anti-Dühring'* aus dem Jahr 1878 - zu dem Marx selbst ein Kapitel beisteuerte - vor der Veröffentlichung komplett vor (Engels in MEW 20, S.9; vgl. Marx' in MEW 19, S.185), und zu Engels' gern als ‚scholastisch' gescholtener kleiner Schulungsschrift *‚Die Entwicklung des Sozialismus von der Utopie zur Wissenschaft'* von 1880 verfaßte Marx sogar eine eigene Vorbemerkung, die Engels' kompakte Übersicht auch von seiner Seite her gewissermaßen ‚autorisierte' (MEW 19, S.181-185). Im Hinblick auf derartige Popularisierungen bestand also keinerlei Gegensatz zwischen Marx und dem für solche massentauglichen Publikationen sicherlich geeigneteren Engels.

Einfluß und Rolle des *‚Ursprung'*

Zu diesen einflußreichen Grundlagenwerken und ‚Longsellern' des Marxismus aus Engels' Hand gehört auch seine 1884 veröffentlichte und 1891 erweiterte Schrift *‚Der Ursprung der Familie, des Privateigentums und des Staats'*, die im Mittelpunkt der vorliegenden Studie steht. Obwohl das Werk zu Engels' Lebzeiten nur in einer Auflage von 11 000 Exemplaren erschien – eine heute kaum mehr eindrucksvoll anmutende Zahl –, übte es nicht zuletzt dank seiner häufigen Zitierung durch andere Autoren einen ungeheuren Einfluß innerhalb der bildungshungrigen Arbeiterschichten des späten 19. Jahrhunderts aus und hatte eine lang anhaltende Wirkung.

Dieser breite und tiefgehende Einfluß war nur möglich, weil Engels den im Grunde hochkomplexen und sperrigen Stoff zu einem dezidiert ‚populärwissenschaftlichen' Werk, ja einer passagenweise geradezu eloquent und mitreissend ge-

schriebenen Theorie- und Propagandaschrift umarbeitete, was
dem ‚Ursprung‘ eine breite Leserschaft und beträchtlichen
Einfluß weit über die sozialdemokratischen Arbeiterkreise
hinaus verschaffte. Gerade in diesem ‚Zwittercharakter‘ der
Schrift als eines Werks mit einerseits wissenschaftlichem Anspruch, andererseits aber auch unverkennbar agitatorischen
Zügen liegt indes auch eines der Grundprobleme für die Einordnung und Beurteilung des ‚Ursprung‘, der bis heute zu Engels‘ bekanntesten und am meisten gelesenen Werken zählt.

Neubewertung eines prägenden Denkers

Nachdem Engels wegen seines vermeintlich fehlenden ‚intellektuellen Glanzes‘ wie erwähnt lange in Marx’ dominieren-
dem Schatten stand und vor allem von aus dem akademischen
Milieu stammenden ‚Kathedermarxisten‘ oft zu Unrecht ein
wenig abschätzig beurteilt und kommentiert wurde, scheint es
im Umfeld und Nachklang seines 200. Geburtstags am 28.
November 2020 endlich zu einer längst überfälligen wissenschaftlichen und publizistischen Neubewertung dieses wichti-
gen und prägenden Denkers des 19. Jahrhunderts und zur an-
gemessenen Würdigung seines immer noch unterschätzten
Anteils an der Herausbildung des Marxismus als Theoriesys-
tem zu kommen. „In den letzten Jahren hat eine deutliche Auf-
wertung von Engels relativ zu Marx stattgefunden“, schreibt
etwa der Sozialhistoriker Jürgen Kocka in einer 2020 zum En-
gels-Jubiläum erschienenen großen Übersichtspublikation.
Nicht zuletzt habe

„die auf genauesten Recherchen aufbauende Neuauflage der Marx-
Engels-Gesamtausgabe [MEGA, MK] (…) nachdrücklich vorgeführt,
wie heterogen, widersprüchlich, fragmentiert und unfertig das ge-
schriebene, aber zum großen Teil noch unveröffentlichte Werk von
Marx zum Zeitpunkt seines Todes 1883 war, und wie sehr es erst im
Prozeß seiner posthumen Veröffentlichung geschichtswirksam gestal-
tet wurde – zuerst und vor allem durch die Editionstätigkeit von
Friedrich Engels, der dabei nicht nur als Herausgeber und Propagator,
sondern auch als eigenwilliger Autor tätig wurde.“

Vor allem auch diese „Entdeckungen bei der Vorbereitung der neuen MEGA" erlaubten es, „Engels' Rolle angemessener zu würdigen als früher", wozu auch die seit einiger Zeit stattfindende „Historisierung seiner Person" beigetragen habe. ((15))

Zu dieser Neubewertung und damit ein Stück weit auch ‚Neuentdeckung' Friedrich Engels' und seines Werkes unter bewußter Einblendung auch des Zeithintergrundes und seiner persönlichen und politischen Biographie möchte auch die vorliegende Studie einen exemplarischen Beitrag leisten.

2 Entstehungs- und Wirkungsgeschichte des *Ursprung*

Ein begeisternder Fund

Am 16. Februar 1884 berichtete der 63-jährige Friedrich Engels seinem Parteifreund Karl Kautsky in einem Brief begeistert über eine Entdeckung, die er im Nachlaß seines ein Jahr zuvor verstorbenen Freundes Karl Marx (+ 14. März 1883) gemacht hatte:

*„Über die Urzustände der Gesellschaft existiert ein **entscheidendes** Buch, so entscheidend wir Darwin für die Biologie, es ist natürlich wieder von Marx entdeckt worden: Morgan, ‚Ancient Society‘, 1877. M[arx] sprach davon, aber ich hatte damals andre Sachen im Kopf, und er kam nicht wieder darauf zurück, was ihm gewiß angenehm war, da er selbst das Buch bei den Deutschen einführen wollte, wie ich aus seinen sehr ausführlichen Auszügen sehe. Morgan hat die Marxsche materialistische Geschichtsanschauung in den durch seinen Gegenstand gebotenen Grenzen selbständig neu entdeckt und schließt für die heutige Gesellschaft mit direkt kommunistischen Postulaten ab. Die römische und griechische Gens wird zum ersten Mal aus der der Wilden, namentlich amerikanischen Indianer, vollständig aufgeklärt und damit eine feste Basis für die Urgeschichte gefunden“* (MEW 36, S.109/10. Hervorh. im Original).

Drei Wochen später, am 7. März schrieb er nicht minder begeistert an seinen alten Freund Friedrich Adolph Sorge:

„Lies Morgan (Lewis H.), ‚Ancient Society‘, 1877 in Amerika erschienen. Enthüllt die Urzeit und ihren Kommunismus meisterhaft. Hat Marx‘ Geschichtstheorie urwüchsig neu entdeckt und schließt mit kommunistischen Folgerungen für heute“ (MEW 36, S.124).

Bei dem Text, auf den Engels um die Jahreswende 1883/84 bei seinen Aufräumungsarbeiten in Marx‘ Haus am Londoner Maitland Park gestoßen war, handelte es sich um ein Heft mit 98 eng beschriebenen Seiten, das ausführliche und von Marx

immer wieder kommentierte Exzerpte aus dem sieben Jahre
zuvor (1877) erschienenen Buch *„Ancient Society'* des amerikanischen Völkerkundlers und Anthropologen Lewis Henry
Morgan enthielt. Karl Marx hatte diese sprachlich gestrafften
und komprimierten Abschriften Ende 1880 und zu Beginn des
Jahres 1881 für ein offenbar von ihm geplantes, dann aber aufgrund seines Todes nicht mehr verwirklichtes eigenes Buchprojekt angefertigt. ((16))

*„Hätte ich die Zeit, ich würde den Stoff, mit Marx' Noten, für's Feuil-
leton des ‚S[ozialdemokrat]' oder die ‚Neue Zeit'* [zwei damals wichtige sozialdemokratische Parteiblätter, MK] *bearbeiten",*

schrieb Engels in seinem Brief vom 16. Februar 1884 an Kautsky, den zuständigen Redakteur des letzteren Blattes, *„aber
daran ist nicht zu denken",* wie er sogleich mit bedauerndem
Unterton hinzufügte (MEW 36, S.110). ((17))

Ein Dachboden voller Schriften

Der Grund, warum Engels zu diesem Zeitpunkt trotz seiner
offenkundigen Begeisterung so zurückhaltend war, läßt sich
unschwer zu erschließen. In Marx' Wohnhaus am Londoner
Maitland Park wartete nämlich noch *„ein ganzer Dachboden
voll von Kisten, Paketen und Büchern"* auf die Durchsicht und
Sortierung, wie Marx' jüngste Tochter Eleanor Ende Mai 1883
notierte. „Ab Mitte April 1883 hielt sich Engels ganze Tage im
Marx-Haus auf und suchte, ordnete und sortierte aus; so ging
das ein Jahr lang Woche für Woche", so der DDR-Historiker
Manfred Kliem in einer 1977 in Ostberlin erschienenen Biographie über den Mitbegründer des Marxismus. ((18))
   „Wir haben nun endlich den alten ‚Speicher' [Marx'
Dachboden, MK] *entrümpelt, dabei eine Masse Dinge gefunden, die aufgehoben werden müssen, aber auch ungefähr eine
halbe Tonne alter Zeitungen, die unmöglich sortiert werden
können",* ließ Engels Marxens Tochter Laura Lafargue am 16.
Februar 1884 wissen (MEW 36, S.111). Ende März 1884 wurde Marx' zu archivierender Nachlaß dann in sechs großen Kisten in Engels' eigenes Haus in der Londoner Regent's Park

Road 122 geschafft, wo er daranging, ihn weiter zu sichten und in seine eigene Bibliothek zu integrieren. *„Die beiden Bibliotheken zu verschmelzen und zu ordnen ist eine Teufelsarbeit! Nim* [Marx' frühere und Engels' jetzige Haushälterin Helene Demuth, MK] *und ich sind beide ganz erschöpft"*, notierte Engels Mitte Oktober 1884. Die Bücher waren zu diesem Zeitpunkt jedoch immer *„noch nicht so geordnet, daß ich vollen und freien Gebrauch davon machen kann"*, wie Engels beklagte. ((19))

Bücherfreak Marx

Zum besseren Verständnis dieser aufwendigen Aufräumungs- und Archivierungsarbeiten muß man wissen, daß Karl Marx nicht nur eine umfangreiche Privatbibliothek besaß, sondern auch ein nicht minder umfängliches Archiv von Zeitungartikeln und Abschriften aus von ihm entliehenen oder in der *British Library* durchgearbeiteten Büchern, auf das er bei späteren Projekten zurückgreifen wollte. In einer Marx-Biographie des sozialistischen Historikers Werner Blumenberg heißt es über seine letzte Lebensphase in den frühen 1880er Jahren: „Wie immer arbeitete Marx unermüdlich; aber seine Arbeit bestand vorwiegend darin, daß er eine riesige Menge Exzerpte anhäufte, ohne sie noch zu verwerten." ((20)) Engels verwies nach Marx' Tod 1883 in einem Brief auf *„über 2 Kubikmeter Bücher allein an russischer Statistik"*, die er im Haus des verstorbenen Freundes aufgefunden hatte, und beklagte dessen Exzerptierungswut:

„Diese Detailstudien haben ihn jahrelang aufgehalten. Es sollte wie immer alles vollständig sein bis auf den heutigen Tag, und jetzt ist alles das zu nichts geworden, ausgenommen seine Auszüge" (MEW 36, S.46). ((21))

Marx selbst hatte 1865 im ‚Bekenntnisalbum' (*Confession Book*) seiner ältesten Tochter Jenny *„bookworming"* - also das Stöbern und Eintauchen in Bücher - als seine Lieblingsbeschäftigung (*„Favourite Occupation"*) angegeben, und bezeichnete sich drei Jahre später (1868) in einem Brief an seine Tochter

Laura als *„eine Maschine, dazu verdammt, Bücher zu ver-
schlingen und sie dann in veränderter Form auf den Dunghau-
fen der Geschichte* [on the dunghill of history] *zu werfen"*
(MEW 32, S.545). Seine fast schon zwanghafte Exzerptierungswut und sein Anhäufen endloser Mengen an Texten und
Daten nahmen solche Ausmaße an, dass der Gründungsdirektor
des Moskauer Marx-Engels-Archivs, David Rjazanov, 1925
unverblümt die Frage aufwarf, ob Marx in seinen letzten Lebensjahren *„seine selbstständige geistige Schaffenskraft zum
Teil eingebüßt"* habe und deshalb *„so viel Zeit für seine syste-
matischen, gründlichen Auszüge verschwendete"* - eine Spekulation, die andere Experten indes entschieden zurückweisen
(Ausführlicheres dazu in Teilband 4 dieser Studie). ((22))

Engels als Marx' literarischer Nachlaßverwalter

Engels sah es nach Marx' Tod im März 1883 in jedem Fall als
seine Pflicht und Hauptaufgabe an, die unvollendet gebliebe-
nen Manuskripte des verstorbenen Freundes und besonders
dessen Entwürfe und Fragmente zu den geplanten weiteren
Bänden seines Hauptwerks ,*Das Kapital'* so schnell wie möglich fertigzustellen und für eine Veröffentlichung vorzuberei-
ten.

„Alles, was wir anstreben, ist, das Andenken an Mohr [Marx' Spitz-
name im Familienkreis, MK] *in würdiger Weise zu verewigen, und
das erste wird und muß sein die Veröffentlichung seines Nachlasses.
Laßt uns mit allen Kräften dazu beitragen, dieses Ziel zu erreichen"*,

schrieb er im Juni 1883 an Marx' Tochter Laura Lafargue in
Paris (MEW 36, S.44). ((23))
        Dazu kam noch die Neu- oder Wiederveröffentlichung
zahlreicher älterer Schriften von Marx und ihm, die zum großen Teil überarbeitet und mit aktuellen Vorworten versehen
werden mußten, die Durchsicht und publizistische Betreuung
eines beständig anschwellenden Stroms an fremdsprachigen
Übersetzungen ihrer beider Werke sowie die Fortführung der

fast täglichen Korrespondenz mit den sozialistischen Parteiführern in Europa und Amerika, die nach Marx' Tod allein auf Engels' Schultern lag. Mehr als genug an Aufgaben und Arbeit für einen Einzelnen also, der damals selbst nicht mehr ganz jung, sondern bereits 63 Jahre alt war, und der zudem während dieser Zeit unter massiven gesundheitlichen Problemen litt - vor allem einem schmerzhaften Bruchleiden, das ihn wochenlang ans Bett fesselte.

Friedrich Engels' Arbeitssituation 1883/84

„Ich muß mich kurz fassen, ich habe zu tun: 1. Den Nachlaß [von Marx, MK] zu ordnen, wobei ich fast alles selbst zu tun habe, die alten Sachen kennt niemand außer mir, und es ist ein kolossaler Haufen und in schöner Unordnung. Manches fehlt noch, viele Pakete und Kisten noch gar nicht geöffnet!"

Friedrich Engels am 12.Juni 1883 an Eduard Bernstein in Zürich. Karl Marx/Friedrich Engels Werke (MEW) Band 36, S.35

„Ach – dieser 2.Band [des ‚Kapital', MK] ! Wenn Sie wüßten, mein alter Freund, wie sehr mich der bedrückt! Aber ich habe sechs Monate verloren wegen meiner verwünschten Krankheit. Und vor Mitte März kann ich auch jetzt noch nicht ernsthaft daran gehen, bis dahin

*muß ich all diese Bücher, Papiere, Zeitschriften usw. ordnen – und ich kann das nur einige Stunden am Tage tun, ohne zu sehr zu ermüden. Das bedrückt mich um so mehr, **als ich der einzige Lebende bin**, der diese Schrift und diese Wort- und Satzkürzungen entziffern kann."*

**Friedrich Engels am 5. Februar 1884 an P. L. Lawrow
in Paris (MEW 36, S.99. Hervorh. im Original)**

„Nachher geht's unaufhaltsam an den II. Band [des ‚Kapital', MK], daneben folgende Revisionen: 1. Eure ‚Misère' [‚de la philosophie', MK], 2. Noten und Vorrede zur französischen ditto, 3. Revision der englische Übersetzung, die jetzt mit Macht voranrücken soll. Dazu 4. nun noch ‚Dühring', und was mir sonst noch von französischer Seite zur Revision zukommen mag."

**Friedrich Engels am 11. April 1884 an Karl Kautsky
in Zürich (MEW 36, S.133)**

„Lieber Kugelmann, (…) Deine Karte erhielt ich, ebenso mit Dank die Leibnitziade; leider kann ich auf dergleichen Nebenstudien nicht eingehn, da ich alle Hände voll zu tun habe mit der Besorgung des 2. Bandes [des ‚Kapital'] und Revision von Übersetzungen M[arx]scher Sachen ins Deutsche, Englische und Französische. Dazu neue Auflagen zweier meiner Arbeiten. Das II. Buch wird wahrscheinlich separat erscheinen; da ich aber im Herbst und Winter soviel Zeit verloren, bin ich mit allem sehr zurück und werde von soviel Seiten um Zusagen angesprochen, daß ich mir vogenommen habe, gar keine mehr zu machen."

**Friedrich Engels am 4. Mai 1884 an Ludwig Kugelmann
in Hannover (MEW 36, S.144)**

„Unter den Papieren von Marx (…) ist alles hier in Sicherheit, allerdings noch in vollständiger Unordnung. (…) Es ist jetzt absolut nötig, daß die Schlußbände vom ‚Kapital' in einem druckbaren Text und in einer leserlichen Handschrift hergestellt werden. Beides kann nur ich von allen Lebenden. Sollte ich vorher abkratzen, so wäre es jedem andern unmöglich, die Sachen zu entziffern, die Marx selbst oft nicht mehr lesen konnte, wohl aber seine Frau und ich. Die Briefe dagegen sind so geschrieben, daß auch andre sie lesen können."

**Friedrich Engels am 20. Juni 1884 an Johann Philipp Becker
in Genf (MEW 36, S.163)**

Unschlüssigkeit in der Veröffentlichungsfrage

Es leuchtet angesichts dieser Fülle an Aufgaben und Pflichten unmittelbar ein, dass Engels zu Jahresbeginn 1884 nicht auch noch die Bearbeitung und Herausgabe von Marx' völlig überraschend entdeckten und ihm bis dahin völlig unbekannten Morgan-Exzerpten auf seine unmittelbare Aufgabenliste setzen und dafür die anderen Pläne und Vorhaben liegenlassen wollte.

Seine Zurückhaltung währte indes nicht lange, denn die Morgan-Exzerpte betrafen ein Themengebiet, das ihn persönlich sehr stark interessierte und das offenkundig auch Marx in seinen letzten Lebensjahren sehr wichtig gewesen war (vgl. Teilbände 2 und 4 dieser Studie). Von der eigenen Neugier getrieben und unter dem Zuspruch wichtiger Parteifreunde wie August Bebel und Eduard Bernstein ((24)) änderte Engels daher im Frühjahr 1884 nach einigem Hin und Her doch noch seine Pläne und beschloß, Marxens *Ancient Society*'-Exzerpte (in der DDR-Forschung sprach man präziser von einem ‚Konspekt', also einer sinngemäßen Zusammenfassung) ((25)) einschließlich der Kommentare des verstorbenen Freundes in komprimierter Form und mit möglichst geringem Zeitaufwand zwischen seine anderen Projekten einzuschieben.

Zunächst dachte er dabei offenbar nur an eine Art summarischer Zusammenfassung von Morgans Buch unter Hinzufügung von Marx' Anmerkungen und Zusätzen in Form eines längeren Zeitschriftenartikels oder einer mehrteiligen Artikelfolge:

„Wenn ich die Zeit finden kann, mach ich's Dir für die ‚N[eue] *Zeit'* [sozialdemokratische Theoriezeitschrift, MK] *zurecht, vorausgesetzt, daß Ihr Seperatabzug als Broschüre machen wollt (ca. 3 Bogen würd's werden), ich bin es eigentlich M*[arx] *schuldig, und kann seine Noten aufnehmen, "*

schrieb er am 24. März 1884 an den zuständigen Redakteur der ‚Neuen Zeit', Karl Kautsky (MEW 36, S.129). Zu diesem Zeitpunkt schwebte ihm also offenkundig nur ein schmales Heftchen von 3 x 16 = 48 Druckseiten Umfang vor. Doch schon bald wurde Engels klar, dass dieses Vorhaben nicht sinnvoll zu realisieren wäre. *„Es ist keine Kleinigkeit, ein so inhaltsreiches und schlecht geschriebnes Buch* [sic! MK] *zu resümieren"*, klagte er am 11. April in einem weiteren Schreiben an Kautsky, nachdem er Morgans *‚Ancient Society'* nun offenbar zum ersten Mal im Original durchgesehen und begutachtet hatte (MEW 36, S.133) – bis dahin standen ihm aufgrund von Lieferschwierigkeiten des Buches nur Marx' Exzerpte zur Lektüre und Beurteilung zur Verfügung (vgl. Teilband 4). ((26))

Nochmals zwei Wochen später, am 26. April 1884, hatte er dann offenbar vollständig umdisponiert und ließ Kautsky in einem weiteren Schreiben mit Blick auf das 1878 von Reichskanzler Bismarck verfügte ‚Sozialistengesetz' mit seinem Verbot jeglicher sozialdemokratischer Propaganda wissen:

„Lieber Kautsky, Ich hatte mir vorgenommen und allgemein hier erzählt, ich würde dem Bismarck einen Streich spielen und etwas schreiben (Morgan), was er platterdings nicht verbieten könne. Aber beim besten Willen – es geht nicht. Das Kapitel über die Monogamie und das Schlußkapitel über das Privateigentum als Quelle der Klassengegensätze (...) **kann** *ich platterdings nicht so abfassen, daß sie unter das Sozialistengesetz sich fügen. Wie Luther sagt: Hol mich der Teufel, ich kann nicht anders!*

Die Sache hätte auch keinen Sinn, wenn ich nur ‚objektiv' referieren, M[organ] nicht kritisch behandeln, die neugewonnenen Resultate nicht verwerten, nicht im Zusammenhang mit unseren Anschauungen und den bereits gewonnenen Ergebnissen darstellen wollte. Davon hätten unsere Arbeiter nichts. Also – gut und notwendig verboten, oder – erlaubt und hundsföttisch. Letzteres kann ich nicht" (MEW 36, S.142. Hervorh. im Original).

„Ich werde nächste Woche (...) wohl fertig. Es werden reichlich 4 Bogen [= 64 Seiten, MK] *oder mehr"*, fuhr Engels in seinem Brief vom 26. April fort:

„Wollt Ihr's dann riskieren – nachdem Ihr's gelesen – es in der N[euen] Z[eit] abzudrucken, so komme das zu vergießende Blut auf Euer Haupt und klagt dann nicht mich an. Seid Ihr aber verständig und riskiert nicht die ganze Zeitschrift wegen des einen Artikels, dann laßt die Sache als Broschüre drucken, sei es in Zürich, sei es wie die ‚Frau' [und der Sozialismus' von August Bebel, MK]. *Das ist dann Eure Sache"* (MEW 36, S.142).

Wegen seines mittlerweile deutlich ambitionierteren inhaltlichen Konzepts und um unter dem Damoklesschwert des Sozialistengesetzes kein Verbot der Parteizeitschrift ‚Neue Zeit‘ zu riskieren, empfahl Engels nun also eine Herausgabe der Schrift als selbständige kleine Publikation. Und um das ganze Projekt nicht an dieser Umplanung scheitern zu lassen, hob er nochmals nachdrücklich seine Bedeutung hervor:

*„Für unsere Gesamtanschauung wird das Ding, denke ich, besondere Wichtigkeit haben. M[organ] erlaubt uns, ganz neue Gesichtspunkte aufzustellen, indem er uns mit der Vorgeschichte eine bisher fehlende tatsächliche Grundlage gibt. Was Du [= Kautsky, MK] auch vielleicht noch für Zweifel über einzelne Urgeschichtliche und ‚Wilde‘ haben magst, mit der Gens ist der casus in seiner Hauptsache erledigt, und die Urgeschichte aufgeklärt. Und daher will das Ding ernstlich bearbeitet, wohl erwogen, in alle seine Zusammenhänge gebracht – aber auch **ohne Rücksicht auf das Sozialistengesetz** behandelt sein"* (MEW 36, S.142/43; Hervorh. im Original).

Kautskys Antwort auf Engels‘ Brief war überaus positiv. *„Auf den Morganartikel freue ich mich schon sehr"*, schrieb er am 29. April 1884 zurück:

„Dein Brief läßt ahnen, daß er eine vollständige Revolution hervorrufen wird. (...) Ich glaube, daß Morgan erst durch Marx und Dich seine revolutionierende Bedeutung erlangen kann" (MEGA I, 29,2, S.609).

So wurde aus dem anfänglich geplanten summarischen und kompakten Zeitschriftenartikel im Laufe weniger Wochen also doch ein kurz zuvor noch für unrealisierbar gehaltenes eigenes Buchprojekt, das Engels freilich mit möglichst geringem Zeit- und Arbeitsaufwand umzusetzen gedachte.

Fertigstellung im Eiltempo

Irgendwann Ende März oder Anfang April 1884 begann er mit der konzentrierten Arbeit am ‚Ursprung‘, und nachdem er trotz seiner gesundheitlichen Probleme *„seit Ostern scharf geschanzt* *(hatte), 8 – 10 Stunden oft am Pult"*, wie er Kautsky schrieb (MEW 36, S.164), konnte er Mitte Mai erleichtert den Abschluß seiner Arbeit melden. *„Lieber Ede, das Ms.* [= Manuskript] *wird heute fertig, folgt noch Durchsicht und Nachfeile, die ein paar Tage wegnehmen wird. Dann bekommt Ihr's"*, teilte er am 17. Mai 1884 Eduard Bernstein in Zürich mit.

„Es wird lang – ca. 130 eng beschriebne Oktavseiten – und heißt: ,Die Entstehung der Familie, des Privateigentums und des Staats'. (...) Ich denke, Kautsky läßt das Kapitel über die Familie (minus Monogamie) als Probe in der N[euen] *Z*[eit] *drucken, und das Ganze wird selbständig gedruckt. Wo und wie, darüber werdet Ihr mir Vorschläge machen können, wenn Ihr es habt"* (MEW 36, S.146).

Engels hatte das für den Marxismus so bedeutsame Werk, das am Ende 9 Druckbogen (= 144 Seiten) statt der ursprünglich veranschlagten 3 Bogen (= 48 Seiten) im Broschürenformat umfaßte, fast ohne Vorbereitung und ohne ausführlichere eigene Recherchen in nicht einmal zwei Monaten nahezu aus dem Stand niedergeschrieben und fertiggestellt. Zum Vergleich: Marx arbeitete am 1867 erschienenen 1. Band seines *,Kapitals'* über zehn Jahre lang, und die vorgesehenen weiteren Bände seines Hauptwerks vermochte er aufgrund der erwähnten extensiven Vorarbeiten und Materialrecherchen bis zu seinem Tod im Jahr 1883 nicht mehr fertigzustellen. Allerdings hatte auch er in einer Frühphase seiner Arbeit (April 1851) einmal angenommen, *„in fünf Wochen mit der ganzen ökonomischen Scheiße fertig"* zu sein (MEW 27, S.228), bevor er durch seine weiteren Studien eines Besseren belehrt wurde.

Möglich war Engels' Rekordleistung freilich nur, weil er sich bei dem *„Büchel"* – wie er den *,Ursprung'* anfangs selbst bescheiden nannte (z. B. MEW 36, S.162) - über weite Strecken weitestgehend auf Morgans *,Ancient Society'* und Marx' Abschriften daraus stützte. Im Vorwort zur 4. Auflage des *,Ursprung'* von 1891 bezeichnete er das Buch des amerikanischen Anthropologen deshalb auch unumwunden als *„das Werk, das der gegenwärtigen Arbeit zugrunde liegt"* (MEW 21, S.480).

Aus Friedrich Engels' Korrespondenz zum ‚Ursprung'

„Lieber Kautsky, (…) Morgan wird hoffentlich nächste Woche fertig; kann jetzt nicht viel machen, Schorl[emmer] und Moore sind hier. Dies ist meine letzte Arbeit für einige Zeit, und es ist keine Kleinigkeit, ein so inhaltsreiches und schlecht geschriebnes Buch zu resümieren."
> **Friedrich Engels am 11. April 1884 an Karl Kautsky in Zürich (MEW 36, S.133)**

„Meine liebe Laura, (…) ich war damit beschäftigt, meine Schrift [‚Ursprung', MK] zu Ende zu bringen, derentwegen ich sogar die dringendsten Briefe aufgeschoben – und die ich, wie Du Dir denken kannst, unter sehr schwierigen Umständen abgeschlossen habe. Nun, es ist geschafft, die letzten Seiten gehen morgen weg. (…) Diese Schrift, mit der ich gerade fertig geworden bin, wird für eine ganze Weile die letzte selbständige Arbeit sein."
> **Friedrich Engels am 26. Mai 1884 an Laura Lafargue in Paris (MEW 36, S.153/54)**

„Liebe Jungens, Hier das Ms. [= Manuskript] mit Ausnahme des Schlußkapitels, das noch revisionsbedürftig. Ihr werdet finden, daß es nicht für den **offnen** *deutschen Markt paßt, überlegt Euch, ob's in Stuttgart unter falsche Firma oder gleich in Zürich gedruckt werden soll, und schreibt mir darüber. Verboten wird, seit dem preußischen Schnaps* [einem Bismarck-kritischen Artikel von Engels aus dem Jahr 1876, MK] **alles, was meinen Namen trägt.** *Wenn's nach Stuttgart geht, dann möchte ich nicht, daß es vorher den Weisen Männern, die dort ihr Reich haben,* [rechtssozialdemokratische Parteiführer, MK] *preisgegeben wird.* **Revision** *muß ich in allen Fällen selbst lesen, und bitte um doppelte Abzüge auf gutem Papier mit breitem Rand, da sonst keine ordentliche Korrektur möglich."*
> **Friedrich Engels am 22. Mai 1884 an Eduard Bernstein und Karl Kautsky in Zürich (MEW 36, S.147. Hervorh. im Original)**

*„Lieber Kautsky,(...) mit Deinen Vorschlägen bin ich einverstanden,
vorausgesetzt, daß es nun vorangeht. Wenn unsre Arbeiter Antiqua*[-
Druckschrift, MK] *ebenso gut lesen können wie deutsche Schrift, so
ist mir natürlich Antiqua lieber. Format ca. wie ‚Entwicklung'* [‚des
Sozialismus von der Utopie zur Wissenschaft', MK] – *Bebels ‚Frau'*
[‚und der Sozialismus', MK] *war zu groß. Wenn Ihr glaubt, 5000 absetzen zu können, soll's mir recht sein. Also nur zu, und laßt mich
bald Korrektur haben. Die Einrichtung wegen Schab[elitz]* [Engels
Züricher Verleger, MK] *ist ebenfalls ganz gut. Also das haben wir von
all der Rücksichtnahme auf Dietz* [sozialdemokratischer Stammverle-
ger in Stuttgart, MK], *daß er uns alle für seine Feinde hält!"*
 **Friedrich Engels am 19. Juli 1884 an Karl Kautsky in Zürich
 (MEW 36, S.176)**

Aus Morgan wird Engels

Vergleicht man den Text einer Reihe von Engels' Kapiteln mit
Morgans Buchvorlage und Marx' Exzerpten daraus, so wird
das Ausmaß der Übernahmen und Übereinstimmungen vor
allem in den ersten drei Kapiteln über die vorgeschichtlichen
Kulturstufen, die Familie und die irokesische Gens (MEW 21,
S.30-97) unmittelbar deutlich. Engels übernahm hier zahlreiche
Formulierungen oder sogar ganze Satzteile fast wörtlich von
Morgan bzw. Marx und stellte sie nur in der Aufeinanderfolge
und Anordnung etwas um. ((27))
 Bei den darauffolgenden ‚historischen' Kapiteln griff
er dagegen sehr viel stärker auch auf die Resultate eigener
früherer Studien über die Kelten, die Germanen und andere
antike europäische Völker zurück (ausführlicher thematisiert in
Teilband 2), die sich leicht in den *‚Ursprung'* einarbeiten ließen und deren Verwertung in der Schrift ihn daher kaum zu-
sätzliche Mühe kostete. Dies betraf vor allem die letzten fünf
Kapitel über Griechenland, Rom und die Kelten/Germanen
(MEW 21, S.98-151) sowie den bei Morgan und Marx nicht
vorhandenen großen Schlußüberblick mit dem Titel *„Barbarei
und Zivilisation"* (MEW 21, S.152-173). Diese Hinzufügungen
und Eigenleistungen führten im Endeffekt zu einer deutlichen
Verschiebung der Themenschwerpunkte gegenüber Morgan

und Marx, worüber Engels selbst im Vorwort zur Erstausgabe des ‚*Ursprung*‘ 1884 schrieb:

„In der nachfolgenden Darstellung wird der Leser im ganzen und großen leicht unterscheiden, was von Morgan herrührt und was ich hinzugesetzt. In den geschichtlichen Abschnitten über Griechenland und Rom habe ich mich nicht auf Morgans Belege beschränkt, sondern hinzugefügt, was mir zu Gebote stand. Die Abschnitte über Kelten und Deutsche gehören wesentlich mir an. (...) Die ökonomischen Ausführungen, die bei Morgan für seinen Zweck hinreichend, für den meinigen aber durchaus ungenügend, sind alle von mir neu bearbeitet. Und endlich bin ich selbstredend verantwortlich für alle Schlußfolgerungen, soweit nicht Morgan ausdrücklich zitiert wird“ (MEW 21, S.28/29).

Engels deutete ferner zumindest an, dass er zu dem Buchprojekt gewissermaßen ‚wie die Jungfrau zum Kind‘ gekommen war und hob den keineswegs langfristig geplanten, sondern ein wenig improvisierten und über weite Strecken referierenden Charakter des ‚*Ursprung*‘ hervor:

„Die nachfolgenden Kapitel bilden gewissermaßen die Vollführung eines Vermächtnisses. Es war kein Geringerer als Karl Marx, der sich vorbehalten hatte, die Resultate der Morganschen Forschungen im Zusammenhang mit den Ergebnissen seiner - ich darf innerhalb gewisser Grenzen sagen unsrer - materialistischen Geschichtsuntersuchung darzustellen und dadurch erst ihre ganze Bedeutung klarzumachen. (...) Meine Arbeit kann nur einen geringen Ersatz bieten für das, was meinem verstorbenen Freunde zu tun nicht mehr vergönnt war. Doch liegen mir in seinen ausführlichen Auszügen aus Morgan kritische Anmerkungen vor, die ich hier wiedergebe, soweit es irgend angeht“ (MEW 21, S.27).

Seine letztlich doch recht eigenständige Wiedergabe und Darstellung des weitläufigen Stoffes, die er ursprünglich ja nur als eine kompakte Zusammenfassung von Morgans ‚*Ancient Society*’ zuzüglich Marx‘ Kommentaren dazu geplant hatte, spiegelt sich auch in dem quantitativ unterschiedlichen Umfang der einzelnen Kapitel und Themenbereiche bei ihm, Morgan und Marx wieder (siehe nebenstehende Tabelle).

28

Themenbereiche/ Kapitel	Morgan (dtsch. Ausgabe 1891)	Marx *Exzerpte*	Engels *Ursprung* (1891)
Einl./Kulturabfolge	3 Kap./35 S.	2 Kap./8 S.	1 Kap./6 S.
Irokesen/Indianer	6 Kap./130 S.	6 Kap./83 S.	1 Kap./13 S.
Griechenland	3 Kap./52 S.	3 Kap./33 S.	2 Kap./18 S.
Rom	3 Kap./55 S.	3 Kap./29 S.	1 Kap./10 S.
Germanen/Kelten	*Teilkap.*/4 S.	1 Kap./6 S.	2 Kap./24 S.
Familie	7 Kap./128 S.	6 Kap./39 S.	1 Kap./48 S. *
Eigentum/Erbfolge	2 Kap./23 S.	2 Kap./20 S.	1 Kap./19 S.**

*Erstausgabe 1884: 21 Seiten
** = Schlußkapitel 9

Während in Morgans ‚*Urgeschichte*‘ die überwiegend völkerkundlichen Studien zu den Indianern und den Familien- und Verwandtschaftsformen mit 258 von 480 Seiten (in der deutschen Ausgabe) mehr als die Hälfte (etwa 54 Prozent) des Gesamttextes ausmachten, reduzierte sich dieser Anteil in der Erstausgabe des ‚*Ursprung*‘ von 1884 auf weniger als ein Drittel (ca. 30 Prozent) und in der erweiterten 4. Auflage von 1891 auf immer noch nur knapp 43 Prozent des gesamten Textumfangs. Die nachfolgenden historischen Kapitel über die antiken Griechen und Römer sowie die Kelten/Germanen (MEW 21, S.98 ff.) erweiterte Engels dagegen auf mehr als ein Drittel (ca. 36 Prozent) - und wenn man sein Schlußkapitel 9 mitzählt sogar auf die Hälfte (71 von 143 Seiten) - des ‚*Ursprung*‘, während sie bei Morgan gerade einmal ein Viertel (ca. 23 Prozent) der ‚*Urgeschichte*‘ ausgemacht hatten.

In dieser Akzentverschiebung spiegelt sich Engels‘ deutlich anders gelagerter Interessenschwerpunkt als ‚Historiker‘ und Politiker gegenüber dem Ethnologen und Anthropologen Morgan. Manche kulturspezifischen Einzelaspekte, die der amerikanische Forscher in seiner ‚*Ancient Society*‘ relativ ausführlich behandelte, ließ Engels (wie vor ihm schon Marx in seinen Exzerpten) sogar vollständig weg, während er andere, die stärker in seinem eigenen Interessenfokus lagen, sehr detailliert wiedergab und oft noch durch eigene Zusätze ausbaute und ergänzte.

Diese ungewöhnliche Mischung aus ‚Fremdem‘ und Eigenem‘ macht den charakteristischen Zwittercharakter des ‚Ursprung‘ aus, der einerseits – wie ja schon sein Untertitel *„im Anschluss an Lewis H. Morgans Forschungen"* besagt - eine Wiedergabe und Zusammenfassung des Werkes des amerikanischen Anthropologen sein sollte, andererseits aber auch eine eigenständige, kompakte Darstellung der *„materialistischen Geschichtsauffassung"* aus Engels‘ und Marx‘ eigener Sicht als Handreichung und Propagandamittel für die europäische Arbeiterbewegung. ((28)) Und dieser eigentümliche ‚Zwittercharakter‘ verstärkte sich noch, als Engels für die 1891 erschienene 4. Auflage und Endversion des ‚Ursprung‘ das vorher nur 21 Druckseiten lange Familienkapitel auf 44 Seiten erweiterte, um eine Reihe weder von Morgan noch von Marx erörterter Fragen und Aspekte darin unterzubringen. ((29))

Erscheinen und Wirkung des *‚Ursprung‘*

Die erste, unter Hochdruck entstandene Ausgabe des *‚Ursprung‘* erschien Anfang Oktober 1884, und zwar wegen des Sozialistengesetzes nicht in Deutschland, sondern im sozialdemokratischen Exilverlag der Züricher Volksbuchhandlung in der Schweiz – das Buch wurde anders als von Engels erwartet in Deutschland jedoch niemals verboten. Gedruckt wurden 5000 Exemplare, davon „4000 in einfacher Ausstattung für Arbeiter" und „1000 in eleganterer Ausstattung für Bourgeois", von denen Engels 25 Stück für seinen eigenen Gebrauch bestellte (MEW 21, S.184 und 773). ((30)) Restbestände dieser ersten Ausgabe wurden 1886 und 1889 mit neuem Deckblatt vom sozialdemokratischen ‚Hausverleger‘ Johann H. W. Dietz in Stuttgart (mit dem es 1884 Unstimmigkeiten gegeben hatte) als ansonsten unveränderte 2. und 3. Auflage weitervertrieben. ((31))

1891 stellte Engels auf Dietz‘ Bitten dann wie erwähnt die vor allem im Familienkapitel um mehr als 20 Seiten erweiterte und um ein ausführliches Vorwort zur Geschichte der Familien- und Verwandtschaftsforschung ergänzte 4. Auflage fertig. Ihre Druckstöcke wurden stereotypisiert und waren daher bis auf weiteres nicht mehr veränderbar. ((32)) Diese überarbeitete und erweiterte Endversion des ‚*Ursprung*‘ aus dem Jahr 1891 mit zunächst 2000 Exemplaren Auflage liegt allen späteren Ausgaben und auch der MEW-Version zugrunde. Von ihr erschienen bis zu Engels‘ Tod im Jahr 1895 noch eine 5. und 6. Auflage mit ebenfalls jeweils 2000 Exemplaren, so daß zu seinen Lebzeiten insgesamt „11 000 Exemplare der deutschen Fassung gedruckt“ wurden. ((33)) Zum Vergleich: August Bebels 1879 veröffentlichtes Buch ‚*Die Frau und der Sozialismus*‘ erlebte bis zum Jahr 1913 über fünfzig deutsche Auflagen mit einer Gesamtverbreitung von mehr als 100 000 Exemplaren, und allein im Jahr 1891 wurden 26 000 Exemplare des Werkes verkauft. Allerdings war Bebel eben auch der flügelübergreifend anerkannte Vorsitzende und von den Parteianhängern fast kultisch verehrte ‚Übervater‘ der deutschen Sozialdemokratie. ((34))

Der ‚*Ursprung*‘ als Dauerbrenner

Dafür hatte Engels‘ Schrift letzlich den ‚längeren Atem‘, denn während Bebels ‚*Frau*‘ in der jüngeren Arbeiterbewegung nur traditionsgeschichtlich noch eine gewisse Rolle spielte, gewann der ‚*Ursprung*‘ zusammen mit anderen - gleichfalls überwiegend von Engels verfaßten – marxistischen Grundlagenwerken im Zuge des Aufstiegs dieser spezifischen sozialistischen Theorierichtung einen immer größeren Einfluß und fand weltweite Verbreitung. Innerhalb weniger Jahre erschienen noch unter Engels‘ Mitwirkung und mit zusätzlichen Anmerkungen von ihm unter anderem Übersetzungen ins Italienische (1885), ins Dänische (1888) und ins Französische (1892) – bemerkenswerterweise aber zunächst nicht ins Englische. Bald darauf wurde das Werk auch in zahlreiche andere Sprachen übersetzt. ((35))

In den darauffolgenden Jahrzehnten entwickelte sich der ‚*Ursprung*‘ zur vielgelesenen Standardlektüre in Fragen der marxistischen Deutung der Ur- und Frühgeschichte und zu

einer Art sozialistischem ‚Universalleitfaden' über die Herausbildung der Klassengesellschaft und des Staates. Kein geringerer als August Bebel bezeichnete die Schrift schon kurz nach
ihrem Erscheinen als *„eine Errungenschaft für die Partei"* und
erklärte es für *„wünschbar, daß sie namentlich die Führer
studierten, nicht bloß läsen".* Seinen eigenen Bestseller *‚Die
Frau und der Sozialismus'* ergänzte er in der Folgezeit um ein
Kapitel über *‚Die Frau in der Vergangenheit'*, das sich explizit
auf den *‚Ursprung'* stützte. Engels' zuständiger Kontaktmann
und Redakteur, der Herausgeber der *‚Neuen Zeit'* und spätere
SPD-Parteiideologe Karl Kautsky, sprach in einer Zeitungsre-
zension von der *„bedeutendsten Leistung"* der sozialistischen
Literatur *„seit dem Erscheinen von Marx' ‚Kapital'"*, und auch
später wurde der *‚Ursprung'* immer wieder als die *„beste Einführung in die Entwicklungsgeschichte der Gesellschaft"* ge-
rühmt. ((36))

Das redaktionelle Vorwort der MEGA-Ausgabe von
1990 verzeichnet internationale Ausgaben in mehr als fünfzig
Sprachen, wobei der Zenit der Auflagenentwicklung und des
Wirkungseinflusses freilich mit dem Niedergang der ‚realsozialistischen' Staaten und der kommunistischen Parteien des Wes-
tens im darauffolgenden Jahrzehnt deutlich überschritten gewesen sein dürfte. Dennoch wirkt der *‚Ursprung'* als *„eine der
Hauptschriften des wissenschaftlichen Sozialismus"* ((37)) bis
heute im ‚linken' Lager fort, und er mag in einer Zeit, wo eine
neue Generation engagierter Menschen ein weiteres Mal nach
politischer und weltanschaulicher Orientierung sucht und dabei
auch den Marxismus als Theorieansatz für sich entdeckt, sogar
erneut an Bedeutung gewinnen.

Heute noch lesenswert?

Nicht zuletzt dieser Umstand rechtfertigt es meines Erachtens
auch, sich weiterhin detailliert mit Engels' vor nunmehr 137
Jahren entstandener Schrift auseinanderzusetzen und sie mit
dem aktuellen Wissen über die Frühgeschichte der Menschheit
zu vergleichen, um seine Darstellung auf ihren heute noch ver-
bliebenen Erkenntniswert hin zu überprüfen. Dies ist auch das

Anliegen der vorliegenden Studie, in der meine grundsätzliche Sympathie für den Marxismus nicht einem explizit kritischen Blickwinkel und einer auf die Erfordernisse der heutigen Zeit zugeschnittenen Analyse im Weg stehen soll.

Den vom globalen Kapitalismus ernüchterten jungen oder auch älteren Menschen, die sich heute erneut vage tastend auf die Suche nach einer anderen, humaneren Weltordnung und einer sozial ausgewogeneren Gesellschaft machen, soll damit in möglichst wenig belehrender Weise, sondern vorwiegend auf der Wissens- und Faktenebene eine Orientierungshilfe zum besseren Verständnis dieses marxistischen Grundlagenwerks und zur adäquaten Beurteilung seiner Stärken und Schwächen an die Hand gegeben werden. Auf diese Weise möchte ich einen Beitrag dazu leisten, den heutigen Lesern des ‚*Ursprung*‘ die mühsamen und oftmals fruchtlosen Irrwege unsicherer Spekulation zu ersparen, die meine eigene Generation und frühere Marxisten mangels eigener Faktenkenntnisse bei der Lektüre und Rezeption von Engels' Schrift häufig noch gehen mußten.

Ausdrücklich hervorheben möchte ich dabei, dass unter den Kultur- und Altertumswissenschaftlern der früheren Sowjetunion und der DDR bereits seit den 1970er Jahren eine sehr rege und durchaus auch kontrovers geführte Diskussion über viele der in dieser Arbeit erörterten Fragen stattfand, auf die – und namentlich deren ‚Insiderkenntnisse‘ – ich mich in meinem Überblick in zahlreichen Punkten stützen konnte. Die vorliegende Arbeit erhebt daher keinesfalls den Anspruch, Engels' ‚*Ursprung*‘ zum ersten Mal unter aktuellen kulturgeschichtlichen und archäologischen Gesichtspunkten zu betrachten, sondern ist vielmehr der Versuch einer auf die heutigen Zeitverhältnisse zugeschnittenen Darstellung und Zusammenfassung von Fakten und Beurteilungen, die marxistische Wissenschaftler zum Teil bereits vor Jahrzehnten herausgearbeitet haben. Da diese meist in den früheren realsozialistischen Staaten erschienene Literatur jedoch mit dem Ende der DDR und der alten kommunistischen Bewegungen im Westen weithin verschwunden ist und ihre Lektüre zudem durch die im Traditionsmarxismus oft etwas formelhafte Sprache erschwert wird, hat eine solche zugleich allgemeinverständliche wie zeitgemäße Aufarbeitung nach meiner Überzeugung durchaus auch heute noch - oder heute wieder! – ihre Berechtigung.

An ihrem Anfang stehen muß aber die Frage nach jenem Forscher, dessen Werk den ‚*Ursprung*‘ inspirierte und ihm nach Engels‘ Worten „*zugrunde lag*“ (MEW 21, S.480) - dem drei Jahren vor dem Erscheinen von Engels‘ Schrift verstorbenen Lewis Henry Morgan.

3   Wer war Lewis Henry Morgan?

Engels versah den ‚*Ursprung*' mit dem Untertitel „*Im Anschluß an Lewis H. Morgans Forschungen*" (MEW 21, S.25)
und interessierte sich auch persönlich sehr für den amerikanischen Forscher, dessen Werk er mit außergewöhnlich enthusiastischen Worten pries.

„*Morgan hat die Marxsche materialistische Geschichtsanschauung
(...) selbständig neu entdeckt und schließt für die heutige Gesellschaft
mit direkt kommunistischen Postulaten ab*",

schrieb er wie zitiert Mitte Februar 1884 an Karl Kautsky
(MEW 36, S.110), und drei Wochen später (am 7. März) nicht
minder begeistert an seinen alten Freund Friedrich Adolph
Sorge:

„*Lies Morgan (Lewis H.), ,Ancient Society', 1877 in Amerika erschienen. Enthüllt die Urzeit und ihren Kommunismus meisterhaft.
Hat Marx' Geschichtstheorie urwüchsig neu entdeckt und schließt
mit kommunistischen Folgerungen für heute*" (MEW 36, S.124; Her-
vorhebung im Original).

Im Vorwort des ‚*Ursprung*' wiederholte Engels im Herbst
1884, Morgan habe

„*die von Marx vor vierzig Jahren entdeckte materialistischen Geschichtsauffassung in Amerika in seiner Art neu entdeckt und war von
ihr (...) in den Hauptpunkten zu denselben Resultaten geführt worden
wie Marx*" (MEW 21, S.27).

Und sieben Jahre später (1891) schrieb er in der Einleitung zur
4. Auflage seiner Schrift, der amerikanische Forscher spreche

„*von einer künftigen Umgestaltung dieser Gesellschaft in Worten,
(...) die Karl Marx gesagt haben könnte*" (MEW 21, S.482).

Sozialist oder ‚bürgerlicher' Denker und Forscher ?

Marx selbst, durch dessen *,Ancient Society'*-Exzerpte Engels Anfang 1884 ja überhaupt erst auf Morgan aufmerksam geworden war, äußerte sich im Vergleich dazu nicht annähernd so enthusiastisch über den amerikanischen Anthropologen. Er versah Morgans Ausführungen in seinen Abschriften bei aller Wertschätzung durchaus mit dem einen oder anderen Fragezeichen und bezeichnete ihn als einen *„Yankee-Republikaner"*, der *„keineswegs revolutionärer Tendenzen verdächtig"* sei (vgl. Zitate in nebenstehendem Kasten). ((38)) Ein Austausch der beiden Begründer des Marxismus über diese Frage war wie erwähnt nicht mehr möglich, da Engels erst ein dreiviertel Jahr nach Marx' Tod von dessen ausführlicher Beschäftigung mit Morgan und seinem Werk Kenntnis erhielt.

Wer und was war der amerikanische Anthropologe aus heutiger Sicht also wirklich – ein in seiner ganzen Arbeitsweise und Methodik weitgehend ‚materialistisch' orientierter und in politischer Hinsicht zu fast schon kommunistischen Positionen neigender Denker und Wissenschaftler, als den ihn Engels charakterisierte und beschrieb? Oder ein zwar sozial- und staatskritischer, aber keineswegs revolutionärer, sondern erklärtermaßen ‚bürgerlicher' Denker und Forscher, der dennoch für den wissenschaftlichen Sozialismus wegweisende neue Erkenntnisse gewonnen hatte, wie Karl Marx es offenkundig sah?

Um eine Antwort auf diese Fragen zu finden, müssen wir uns etwas detaillierter mit dem Leben und Werk des für die beiden Begründer des Marxismus so bedeutsamen und impulsgebenden amerikanischen Anthropologen befassen.

Marx und Engels über Lewis Henry Morgan

„Ein amerikanischer Autor, der keineswegs revolutionärer Tendenzen verdächtig ist und in seinen Arbeiten durch die Regierung in Washington unterstützt wird".
**Karl Marx, Erster Entwurf eines Briefes an V. I. Sassulitsch.
MEW 19, S.386**

„Morgan, Yankee, Republikaner, er sagt sehr ironisch, aber wahr ...“
**Karl Marx, Die ethnologischen Exzerpthefte, hg. von
Lawrence Krader. Frankfurt/Main 1976, S.295**

*„Lies Morgan (Lewis H.), ‚Ancient Society‘, 1877 in Amerika erschie-
nen. Enthüllt die Urzeit und ihren Kommunismus meisterhaft.* **Hat
Marx‘ Geschichtstheorie urwüchsig neu entdeckt** *und schließt mit
kommunistischen Folgerungen für heute.“*
**Friedrich Engels am 7. März 1884 an Friedrich Adolph
Sorge. MEW 36, S.124 (Hervorh. im Original)**

*„Indem (Morgan), von den Verwandtschaftssystemen ausgehend, die
ihnen entsprechenden Familienformen wiederkonstruierte, eröffnete
er einen neuen Forschungsweg und einen weiterreichenden Rückblick
in die Vorgeschichte der Menschheit.“*
**Friedrich Engels, Vorwort zur 4. Auflage
des ‚Ursprung‘ 1891. MEW 21, S.479**

*„(Morgans) Wiederentdeckung der ursprünglichen mutterrechtlichen
Gens als der Vorstufe der vaterrechtlichen Gens der Kulturvölker hat
für die Urgeschichte dieselbe Bedeutung wie Darwins Entwicklungs-
theorie für die Biologie und Marx‘ Mehrwertstheorie für die politische
Ökonomie. (...) Daß hiermit eine neue Epoche der Behandlung der
Urgeschichte beginnt, ist vor allen Augen klar.“*
**Friedrich Engels, Vorwort zur 4. Auflage
Des ‚Ursprung‘ 1891. MEW 21, S.481**

*„Es ist das große Verdienst Morgans, diese vorgeschichtliche Grund-
lage unsrer geschriebnen Geschichte in ihren Hauptzügen entdeckt
und (...) in den Geschlechtsverbänden der nordamerikanischen Indianer den Schlüssel gefunden zu haben, der uns die wichtigsten, bisher
unlösbaren Rätsel der ältesten griechischen, römischen und deutschen Geschichte erschließt. Es ist aber seine Schrift kein Eintags-
werk. An die vierzig Jahre hat er mit seinem Stoff gerungen, bis er ihn
vollständig beherrschte. Darum aber ist auch sein Buch eins der wenigen epochemachenden Werke unsrer Zeit.“*
**Friedrich Engels, Vorwort zur 1. Auflage
des ‚Ursprung‘ 1884. MEW 21, S.28**

Ethnograph und ‚Brückenbauer'

Lewis Henry Morgan (* 21. November 1818 + 17. Dezember 1881) lebte und wirkte in Neuengland im Staat New York und gehörte zu den Pionieren der amerikanischen Völkerkunde und Anthropologie. In der Nähe eines Reservats der Seneca-Irokesen aufgewachsen, die 1779 von europäischen Siedlern unterworfen worden waren, empfand er schon von Kindesbeinen an eine romantische Begeisterung für diese nordamerikanischen Ureinwohner. Während seines Studiums der klassischen Philologie und der Rechtswissenschaften 1838 bis 1840 in New York war er Mitbegründer und führendes Mitglied eines Geheimbundes namens ‚Irokesen-Großorden', dessen Angehörige sich indianische Namen gaben und bei ihren Zusammenkünften als Indianer gekleidet die Umfangsformen und Rituale der amerikanischen Ureinwohner nachempfanden. Was heute möglicherweise vorschnell als fragwürdiges und bedenkliches ‚*Redfacing*' verurteilt würde, beruhte bei ihnen indes auf durchaus ernsthaften Motiven und einem tief empfundenen Gefühl der Verbundenheit und Solidarität mit den amerikanischen Ureinwohnern.

Zwischen 1840 und 1846 unterstützte Morgan bei seiner auf das Studium folgenden Tätigkeit als Rechtsanwalt in seinem Geburtsort Aurora im Bundesstaat New York mehrfach erfolgreich die dortigen Seneca bei juristischen Landstreitigkeiten mit der *Odgen Land Company*, die sie mit Hilfe unlauterer Abtretungsverträge von ihrem angestammten Siedlungsland zu vertreiben versuchte. Im Zuge dieser unmittelbaren Kontakte und seines juristischen Beistands, der ihm beträchtliches Ansehen bei den Indianern verschaffte, freundete er sich 1844 mit einem ihrer Häuptlingssöhne namens *Ha-sa-ne-an-da* (bürgerlich: Ely Parker) an und wurde 1847 unter dem Namen *Tayadaowuhkuh* (= ‚Brückenbauer') in einen der Seneca-Stämme aufgenommen. Engels hob diese Adoption im ‚*Ursprung*' sichtlich beeindruckt hervor (MEW 21, S.36), Morgan selbst beschrieb sie in seiner ‚*Ancient Society*' hingegen bescheiden als einen damals nicht unüblichen Akt der Höflichkeit seitens der Indianer. ((39))

Das auf diese Weise gewonnene Vertrauen half ihm
enorm bei seinen 1859 begonnenen ethnographischen Feldforschungen unter den örtlichen Irokesen, die er in den darauffolgenden Jahren durch eine Reihe jeweils mehrwöchiger Forschungsreisen zu anderen Indianerstämmen im Zentrum und im
Westen des nordamerikanischen Kontinents erweiterte und
ergänzte. „Morgan notierte sich Einzelheiten über die Schutz-
hütten der Mandan-Indianer, über eine Wohnsiedlung der Ree,
über Höhlen, Backöfen, Totengerüste und Gatter zum Trock-
nen von Tierhäuten", so sein Biograph Carl Resek 1960.

„Er füllte seine Notizbücher mit Beschreibungen von Kriegstänzen
der Dakota-Indianer, Trauerriten der Crow, Schlafgebräuchen der
Blackfeet [= Schwarzfuß-Indianer, MK] und Himmelstraditionen der
Shawnee. Überall dokumentierte er minutiös die Verwandtschaftsbe-
zeichnungen und widmete dem Wirtschaftsleben besondere Aufmerksamkeit." ((40))

Insgesamt „spielte für alle ethnologischen Werke Morgans (…)
die Feldforschung eine zentrale Rolle", wie der Völkerkundler
Michael Oppitz hervorhebt: „Die Ermittlung von Fakten aus
der eigenen Anschauung und der persönlichen Begegnung
stellte Morgan entschieden über das Wissen aus Büchern".
((41))

Bei diesen damals einzigartigen und methodisch bahnbrechenden ethnographischen Erhebungen und Untersuchungen stützte
der Anthropologe sich auf einen umfangreichen Fragebogen zu
zahlreichen Aspekten der indianischen Sozial- und Verwandtschaftsorganisation, den er auf der Grundlage älterer Vorbilder
erarbeitet hatte. Er verschickte diesen Fragenkatalog später
auch an zahlreiche Amtspersonen und überregionale Kontakt-
leute überall in Nordamerika und auf anderen Kontinenten,
nachdem er damit begonnen hatte, seine Untersuchungen auf
die ganze Welt auszudehnen. „Letztes Ziel" seiner wissenschaftlichen Umfragen und statistischen Erhebungen war es
laut Oppitz, „die ursprüngliche Einheit der Völker Amerikas
und Asiens zu belegen." ((42))

Mit Hilfe dieser von der US-Regierung unterstützten und finanziell geförderten Fragebogenaktion, auf die er zahlreiche Rückmeldungen erhielt, gelang es Morgan, eine Vielzahl von Daten und Informationen über die Verwandtschaftsorganisation und die Sprachen von insgesamt rund 150 Völkern auf der ganzen Welt zusammenzutragen. Sie bildeten die Grundlage für seine ersten beiden großen Monographien *‚League of the Iroquois or Ho-de'-no-sau-nee'* (Rochester 1851) und *‚Systems of Consanguinity and affinty of the human family'* (‚Systeme der Bluts- und Schwiegerverwandtschaft der menschlichen Familie'. Washington 1871), die zu einem nicht unerheblichen Teil aus Listen und Tabellen über die Sozialstruktur der darin untersuchten Gruppen bestanden. Mit dieser damals einzigartigen und methodisch wegweisenden Datenerhebung und -vergleichung großen Stils nahm Morgan bereits vor über 150 Jahren die heute auch in den Sozialwissenschaften alltägliche ‚Megaauswertung' riesiger Datensätze ein Stückweit vorweg.

Vom Unternehmer zum Privatgelehrten

Ansonsten verbrachte Morgan sein Leben aber keineswegs *„großenteils unter den noch jetzt im Staat New York ansässigen Irokesen"*, wie Engels im *‚Ursprung'* wohl aufgrund eines Mißverständnisses schrieb (MEW 21, S.36), sondern lebte als wohlsituierter Angehöriger der gehobenen weißen Mittelschicht im neuenglischen Rochester unweit von New York. An die Seite und nach und nach an die Stelle seiner Anwaltstätigkeit traten im Laufe der Zeit zunehmend Beteiligungen an der damals in Nordamerika rasch expandierenden Verkehrs- und Minenindustrie (*Michigan Railroads* und *Morgan Iron Company*), deren Erlöse es Morgan seit den 1860er Jahren erlaubten, sich weitgehend aus dem aktiven Geschäftsleben zurückzuziehen und sich als von seinen Vermögenswerten zehrender Privatgelehrter voll und ganz seinen wissenschaftlichen Studien zu widmen, wie er es sich wohl schon länger erträumt hatte. Im Grunde war diese Lebens - und Arbeitssituation derjenigen des ‚Unternehmers im Ruhestand' Friedrich Engels nicht unähnlich, der seine politische und publizistische Tätig-

keit (ebenso wie die seines Freundes Karl Marx) seit seinem
Ausscheiden aus der Textilfirma *Ermen & Engels* im Jahr 1868
ja gleichfalls aus seinen ‚stillen' Unternehmenseinkünften und
Vermögensreserven finanzierte. Zu Lewis Morgans ausgeprägt
bürgerlichem Lebensstil paßte auch, dass er als praktizierendes
Mitglied in einer presbyterianischen Kirchengemeinde aktiv
war und gemäß der Familientradition drei Mal – nämlich 1861,
1868 und 1869 – als Abgeordneter bzw. Senator der (damals
noch progressiven) Republikanischen Partei dem Parlament
und Senat seines Heimatstaates New York angehörte.

Ein etablierter ‚Querdenker'

Eine durchaus wohlsituierte und konventionelle bürgerliche
Existenz ging bei Morgan also mit vergleichsweise unkonven-
tionellen wissenschaftlichen Interessen und einem in bürgerlichen Kreisen eher ungewöhnlichen sozialen Engagement einher, und ähnlich vielschichtig waren auch seine weltanschaulichen und politischen Auffassungen. Bis heute sind sich die
Fachleute daher nicht einig darüber, in welchem Segment des
damaligen politischen und ideologischen Spektrums der Forscher genau anzusiedeln sei. Engels schrieb ihm wie schon
zitiert „*Worte, die Karl Marx gesagt haben könnte*", zu (MEW
21, S.481/82) und verortete ihn damit ganz selbstverständlich
im linken, ja fast schon kommunistischen Spektrum. Unter den
amerikanischen Anthropologen, die sich naturgemäß sehr viel
stärker als ihre europäischen Kollegen mit dem in ihrer Ahnen-
reihe stehenden Forschungspionier befassen, widersprechen
jedoch heute viele dieser gängigen Einordnung Morgans in die
linke oder gar sozialistische Politik- und Wissenschaftstradition
und beurteilen namentlich sein Verhältnis zu den ethnischen
Minderheiten in den USA sehr viel kritischer als in der marxistischen Geschichtstradition üblich.
    So weisen sie beispielsweise darauf hin, dass Morgans
persönliches und juristisches Engagement für die Belange der
Irokesen keineswegs so uneigennützig gewesen sei wie vielfach angenommen, sondern dass er als Verkehrs- und Berg-
bauunternehmer selbst kräftig an dem damaligen Boom mit

dem Indianerland verdiente, auch wenn er im Gegensatz zu anderen darum bemüht war, die Ureinwohner wenigstens halbwegs ordentlich für den Verlust ihrer Territorien abzufinden. Dabei befürwortete und unterstützte er vor dem Hintergrund seiner evolutionistischen Grundanschauungen ausdrücklich auch die fragwürdige und repressive ‚Integrations'- und Umerziehungspolitik des amerikanischen Staates gegenüber den Indianern, die in ihrer Verbannung in Reservate und ihrer christlichen Erziehung und Ausbildung ihren markantesten Ausdruck fand. Letztlich ging es ihm also nicht um das Überleben der nordamerikanischen Ureinwohner in ihren alten Siedlungsgebieten und auf der Grundlage ihrer angestammten Lebensweise und Tradition, wie Morgans heutige Kritiker bemängeln, sondern vielmehr um ihre möglichst konfliktfreie ‚Zivilisierung' und Eingliederung in die Kultur und Gesellschaft der USA unter einigermaßen humanen Vorzeichen.

Morgan sah es, wie er 1851 in seinem Buch ‚*Spirit of the League*' selbst schrieb, letztlich als den „*Auftrag und die Verantwortung des amerikanischen Volkes*" an, ihnen beim Übergang von der „*Grobheit des indianischen Lebens zu den Höhen der Zivilisation*" zu helfen, anstatt sie ungeschützt dem Schicksal ihres Untergangs zu überlassen. ((43)) Von den Indianern wiederum erwartete er die Bereitschaft, „*sich als gleichberechtigte Bürger in die große Bruderschaft der amerikanischen Nationen einzugliedern, ja vielleicht sogar in unserer Rasse aufzugehen*", zumal er den Niedergang ihrer eigenständigen Kultur ohnehin für unausweichlich hielt. „Die Antwort auf die Vertreibungen [der Indianer] war nach Morgans Ansicht Integration, nicht endlose Streitigkeiten über Landbesitz", faßte sein Biograph Carl Resek seine Haltung zusammen. ((44))

Kein Vorkämpfer gegen Sklaverei

Im übrigen wandte Morgan sich, obwohl selbst ein entschiedener Gegner der Sklaverei, aus verfassungsrechtlichen Erwägungen heraus lange Zeit nur sehr zögerlich gegen die Ausbeutung und Versklavung der schwarzen Afroamerikaner in den

USA, deren Aufhebung für Marx und Engels ein zentrales Anliegen der internationalen Arbeiterbewegung war. ((45)) „So lautstark er die amerikanischen Ureinwohner verteidigte, so vergleichsweise still wurde Morgan, wenn es um die Nachkommen der Afrikaner in den Vereinigten Staaten ging“, beschreibt Daniel Noah Moses die Haltung des Anthropologen. „Wie viele gemäßigte Nordstaatler griff er die radikalen *abolitionists*“, die bedingungslos für die Abschaffung der Sklaverei kämpften, „wegen ihrer ‚bösartigen Feindseligkeit‘ [‚malignant animosity‘] gegenüber den Sklavenhaltern an“, denn schließlich täten diese - wie Morgan zu bedenken gab - ja „nur etwas, das die Gesetze ihrer Bundesstaaten ausdrücklich ‚billigten und erlaubten‘ .“ ((46))

In dem 1861 bis 1865 tobenden Sezessionskrieg zwischen den für die Beibehaltung der Sklaverei eintretenden Südstaaten und den für ihre Abschaffung kämpfenden Nordstaaten ergriff Morgan daher erst relativ spät eindeutig für letztere Partei, weil er sich um die Einheit der Nation sorgte. „Als die politische Situation immer vergifteter wurde“, so Moses, „trat indes immer stärker seine Loyalität gegenüber der Nordstaatenunion und sein Hass auf die Sklaverei in den Vordergrund.“ Nach dem Ende des blutigen Bürgerkrieges sprach sich Morgan dann für eine Politik der Härte gegenüber dem niedergeworfenen Süden aus und befürwortete in einem Zeitungartikel ausdrücklich die Hinrichtung des Anführers und ‚Gegenpräsidenten‘ der Südstaatenkonföderation, Jefferson Davis, als *„warnendes Exempel für Landesverräter“*. Seine patriotischen Gefühle verdrängten indes nicht gänzlich seine humanitären Empfindungen, denn angesichts der Verarmung der Bevölkerung des Südens als Folge der Niederlage gegen den Norden gründete er 1866 das *Rochester Commitee for the Relief of Southern Starvation* (‚Hilfskomitee gegen den Hunger im Süden‘), um einen Beitrag zur Linderung der dortigen Not zu leisten. ((47))

Ein unkonventioneller Kopf

Nach allem, was wir heute wissen, war Morgan also keineswegs der in allen Fragen durchgängig ‚progressive‘ oder gar sozialistisch denkende Forscher, als der er nicht zuletzt in der marxistischen Literatur gern dargestellt und gesehen wurde. Er erscheint in den heute verfügbaren Quellen vielmehr als ein ausgesprochen unkonventioneller und eigenständiger Kopf mit nicht selten auch widersprüchlichen Ansichten, der sich jeder bequemen Einordnung in gängige Schubladen entzog. Das hatte er freilich mit anderen bedeutenden Forschern seiner Zeit wie etwa Charles Darwin gemeinsam, und diese Neigung zum ‚Querdenken‘ machte seine wissenschaftlichen Durchbrüche und theoretischen Verdienste vermutlich erst möglich.

In politischer Hinsicht war Morgan offenbar ein klassischer amerikanischer Liberaler des 19. Jahrhunderts mit einer für Europäer nur schwer nachvollziehbaren Mischung aus Nationalstolz und Freiheitsenthusiasmus, Fortschrittsgläubigkeit und Gesellschaftskritik. Er hegte eine tiefe Abneigung gegen festgefügte gesellschaftliche Hierarchien und starre soziale Schranken, erstrebte und erwartete ihre Überwindung aber nicht unter ‚linken‘ oder gar sozialistischen Vorzeichen, sondern unter dem Banner eines humanen und aufgeklärten Wirtschaftsliberalismus. Ein solcher ‚geläuterter‘ und vernunftgesteuerter Kapitalismus würde nach seiner Überzeugung auch ein hohes Maß an gesellschaftlichem Ausgleich und sozialer Durchlässigkeit mit sich bringen und die soziale Frage auf diese Weise ganz von selbst lösen. Vor dem Hintergrund dieser Grundüberzeugungen waren für Morgan wirtschaftliche Freiheit und soziale Gerechtigkeit auch keineswegs Gegensätze, sondern vielmehr zwei Seiten ein- und derselben Medaille.

Marx, der vom damaligen Kapitalismus amerikanischer Prägung zeitweise selbst stark beeindruckt war, lag also wohl durchaus richtig, wenn er Morgan anders als der deutlich euphorischere Engels mit distanziertem Respekt als *„keineswegs revolutionärer Tendenzen verdächtigen Yankee-Republikaner“* bezeichnete. ((48)) Und auch die Herausgeber der 1990 noch in der DDR erschienenen MEGA-Ausgabe des *‚Ursprung‘* hatten sicherlich recht, wenn sie damit übereinstimmend betonten, dass Morgan „nirgends revolutionäre Veränderungen auch nur in Erwägung zog", sondern seine Hoffnung „in die Erziehung des Geistes und die Selbsterkenntnis des Menschen" setzte und „von Marx und Engels deshalb zurecht mit [dem Utopisten, MK] Charles Fourier verglichen" wurde. ((49))

Morgans Europareise 1870/71

Nur ein einziges Mal in seinem Leben verließ Morgan seine durch und durch amerikanisch geprägte Welt, als er von Juli 1870 bis August 1871 mit seiner Familie Europa besuchte, um diesen ihm unbekannten Kontinent einmal selbst kennenzulernen. Er nutzte den dortigen Aufenthalt auch, um Kontakte mit einer Reihe europäischer Wissenschaftler zu knüpfen, deren Forschungen damals international starke Beachtung fanden und auch für seine eigene Arbeit von Bedeutung waren.

In England hatte er beispielsweise eine kurze Unterredung mit dem zurückgezogen auf seinem Landsitz lebenden Charles Darwin, und traf sich außerdem mit führenden britischen Anthropologen wie Sir John Lubbock, John Ferguson McLennan und Sir Henry Maine, deren Werke damals die weltweiten Forschungen zur Frühgeschichte der Menschheit prägten. Er unterhielt sich aufs Beste mit diesen von Marx und Engels in ihren Briefen und Schriften heftig kritisierten Vertretern des britischen Forschungsestablishments und korrespondierte auch nach seiner Rückkehr in die USA zum Teil noch jahrelang mit ihnen. ((50))

Mit dem Anwalt und Verwandtschaftsethnologen John Ferguson McLennan, den Engels im ‚Ursprung' als *"ausgetrockneten Juristen"*, „*pedantischen Schotten*" und „*Napoleon*" bezeichnete (MEW 21, S.53, 87 und 476), traf Morgan sich im Juli 1870 mehrmals zum Dinner im Londoner Pall Mall Hotel, wo „die beiden offenbar eine Menge miteinander zu besprechen" hatten, wie der Morgan- Biograph Daniel Noah Moses berichtet – später wurde McLennan allerdings „einer von Morgans hartnäckigsten Kritikern". ((51)) Bei dem vorher beruflich als Banker tätigen Prähistoriker und Anthropologen

Sir John Lubbock, den Marx 1882 in seinen Privatnotizen als *„civilisierten Esel"* und *„flachen Hund"* titulierte und den Engels zu den prähistorischen *„Schwindlern"* zählte (MEW 36, S.110), war Morgan gleichfalls im Sommer 1871 zu einer Upper-Class-Gartenparty mit Militärkapelle und Cricketmatch eingeladen und amüsierte sich dabei offenbar prächtig – nach Moses' Worten „gefielen die Lubbocks ihm sehr". ((52))

„Die freundliche Aufnahme, die Morgan bei den britischen Anthropologen fand, führte indes nicht zur Akzeptanz seiner Ansichten", wie sein Biograph Carl Resek 1960 feststellte. Vielmehr „attackierte die aufsteigende britische Anthropologenschule unter Führung von Lubbock, McLennan und Edward Tylor innerhalb von zwei Jahren die meisten von Morgans Ansichten als unwissenschaftlich und brach einen langen und bitteren Disput vom Zaun." ((53)) Es waren genau jene Forscher, die Engels (in Unkenntnis von Morgans Bekanntschaft mit ihnen) im Vorwort zur Neuauflage des ‚Ursprung' 1891 heftig angriff und über die er in einem Brief an Karl Kautsky vom Juni 1891 fast angewidert schrieb:

„Eine größere gegenseitige Assekuranz[= Versicherungs]*gesellschaft als die Prähistoriker gibt's nicht. Es ist ein Lumpenpack, das die Kamaraderie und den Cliquenboykott international betreibt, was bei der relativ geringen Zahl angeht"* (MEW 38, S. 114).

Und in einem Schreiben an Marx' Tochter Laura Lafargue in Paris:

"Du hast keine Ahnung, was für Diebe diese prähistorischen Bücherschreiber sind. (...) Meine Verachtung der ganzen Sippschaft – Bachofen [Verfasser des Werkes ‚Das Mutterrecht'; vgl. Kap.5, MK] *und Morgan ausgenommen – ist wesentlich größer geworden. Es gibt keine Wissenschaft, in der Cliquenwesen und Kamaraderie mehr vorherrschen, und da die Sippschaft klein ist, kann das international und mit großem Erfolg durchgeführt werden"* (MEW 38, S.116/17). ((54))

Morgan selbst sah sich zwar gezwungen, in einem 16-seitigen Exkurs ganz am Ende seiner *‚Ancient Society'* den harschen Vorwurf seines früheren Dinnerpartners und Brieffreundes

McLennan, sein Buch sei von *„unwissenschaftlichem Charakter"*, vergleichsweise deutlich und offensiv zurückzuweisen. ((55)) Er ging einer direkten Auseinandersetzung mit seinen britischen Kollegen und späteren Kontrahenten als wenig konfliktfreudiger Mensch ansonsten aber soweit wie möglich aus dem Weg, zumal er anders als Marx und Engels die damalige britische Anthropologie der amerikanischen für weit überlegen hielt und die Zeit für letztere noch nicht gekommen sah. *„In ein oder zwei Generationen wird ein Stamm Gelehrter heranreifen"*, so schrieb er 1875 an einen amerikanischen Kollegen,

„die mit denen Englands, Frankreichs und Deutschlands gleichziehen und sie - wie ich glaube -, übertreffen werden. Heute aber schlagen sie uns noch nach Punkten, und zwar durch eine strengere berufliche Ausbildung und weil sie mehr Arbeitsjahre auf bestimmte Themen aufwenden".

Morgan war zu seiner Zeit, wie sein Biograph Carl Resek erläutert, „der einzige amerikanische Forscher, der vom Format her McLennan, Lubbock oder Tylor das Wasser reichen konnte - und er hatte viel von ihnen zu lernen, wie er unumwunden zugab." ((56))

Als „Yankee-Republikaner" in *Old Europe*

Ebenso interessant und aufschlußreich sind auch die politischen und gesellschaftlichen Einblicke, die Morgan bei seiner Europareise 1870/71 gewann, und die Art und Weise, in der er sie kommentierte und verarbeitete. An einem verregneten Morgen besuchte er beispielsweise eine Arbeiterversammlung im Londoner Hyde Park und notierte darüber anschließend in seinem Reisetagebuch: *„Wenn die Zeit gekommen ist, werden sich die arbeitenden Menschen gegen die Kaufleute und Händler und die Aristokraten erheben und sie wie ein Mann aus dem Weg räumen"* - von den Industriellen sprach Morgan in dieser negativen Auflistung interessanterweise nicht. Nach einem Besuch des britischen Oberhauses (*House of Lords*) vermerkte er in seinen Notizen sarkastisch: *„Das ist England, wie es leibt und lebt – gleichermaßen beherrscht und ruiniert von Klassen-*

unterschieden". Und an anderer Stelle kommentierte er mit beißenden Ironie: *„Die Aristokratie frönt dem Reitsport, und das Volk unterhält sie durch seine Arbeitskraft"* - *„den Armen dagegen werden ihre Rechte genommen, schon bevor sie geboren sind."* ((57))

Dieser in Traditionen und Konventionen erstarrten europäischen Standes - und Klassengesellschaft stellte Morgan sechs Jahre später in seiner *‚Ancient Society'* die USA als positives Gegenbeispiel gegenüber. In *„mehreren tausend Jahren"*, so schrieb er dort, sei es der Menschheit nicht *„gelungen, die privilegierten Klassen zu beseitigen – ausgenommen in den Vereinigten Staaten"*. ((58))

Sympathien für die Pariser *Commune*

Bei seinem Frankreichbesuch im Juni 1871 hegte der Geschäftsmann ungeachtet der damals dort auf Hochtouren laufenden Verleumdungskampagne für einen Unternehmer bemerkenswerte Sympathien für die Pariser *Commune*, die zur Zeit seines Aufenthalts in der Stadt gerade niedergeschlagen worden war. Sie sei *„zu Unrecht verurteilt worden, weil sie nicht richtig verstanden* wurde", beklagte er in seinem Tagebuch, denn in seinen Augen war sie nichts anderes als ein gescheiterter *„Versuch, Institutionen und Werte ähnlich den in den Vereinigten Staaten verwirklichten zu schaffen"*. Morgan wunderte sich in Frankreich auch über die vielen Graffiti mit der Parole *„Freiheit, Gleichheit, Brüderlichkeit"* auf Kirchen und öffentlichen Gebäuden, denn nach seinem Empfinden waren für solche Losungen *„ein Palast und besonders eine katholische Kirche nicht der richtige Ort"*. Auf die Kirchen hätten nach seiner Auffassung besser Aufschriften wie *„Herrschaft, Fanatismus, Erniedrigung"* gepaßt, und auf die Paläste *„Despotismus, Ungleichheit und Selbstsucht"*, wie er grimmig in seinem Reisetagebuch vermerkte. ((59)) Vor allem gegen die katholische Kirche, die er als *„Anwalt und Fürsprecher ungleicher Rechte zwischen den Menschen"* ansah – *„des Rechts der Könige, zu herrschen und der Priester, zu zerstören und der Gesellschaft zur Last zu fallen"* - hegte der überzeugte Presbyterianer eine tiefe Abneigung und hätte sie am liebsten mit Stumpf und Stiel ausgerottet. ((60))

Diese tiefe Aversion hinderte ihn und seine strenggläubige Frau indes nicht, in Rom an einer Papstaudienz im Petersdom teilzunehmen. Im Gegensatz zu den anderen Teilnehmern kniete Morgan dort aber nicht vor dem Heiligen Vater nieder, sondern blieb demonstrativ stehen, und als der Papst ihm die Hand zum Begrüßungskuß entgegenstreckte, sagte der Amerikaner nach eigenem Bekunden zu ihm: *„Hochwürden, in Amerika küssen wir die Hand eines hervorragenden Mannes nicht, sondern wir schütteln sie"*. Daraufhin habe der Heilige Vater mit einem Lächeln geantwortet: *„Dann wollen wir dem amerikanischen Brauch folgen"*, wie Morgan in seinem Tagebuch anerkennend vermerkte. ((61))

Rückkehr ins „gesegnete Land"

Am Ende seiner 14-monatigen Europareise war der Forscher und Unternehmer nach eigenem Bekunden froh, *„wieder unter die Stars and Stripes zurückzukehren"*, denn: *„Unser Land ist das bevorzugte und gesegnete* [favored and blessed] *Land"*, wie er in seinem Reisejournal vermerkte. ((62)) Es handelte sich dabei wohlgemerkt um das Amerika der gerade erst überwundenen Sklaverei und fortbestehenden Rassenunterdrückung, der Indianerkriege und der staatlichen Reservate für die Ureinwohner. Nichtsdestotrotz war es nach Morgans Auffassung allein in den USA gelungen, *„die privilegierten Klassen zu beseitigen"*, von denen andere Gesellschaften so *„schwer belastet"* wurden, und mit dem freien Handel und Unternehmertum *„den großen Hebel und die Antriebskraft"* in Bewegung zu setzen, *„durch die Ordnung und Ruhe einkehren werden"*. ((63))

Tief in seinem Herzen war Morgan also trotz all seiner sozialen Empathie und Engagiertheit offenkundig doch der *„keineswegs revolutionärer Tendenzen verdächtige Yankee-Republikaner"*, als den Karl Marx ihn charakterisierte (MEW 19, S.386), und keineswegs der Quasi-Linke und Fast-Kommunist, den der sehr viel euphorischere Engels wohl fälschlicherweise in ihm sah. Zu Engels' Rechtfertigung ist dabei freilich zu sagen, dass er von all den beschriebenen Vorgängen und Ereignissen ebenso wie von Morgans sonstigem biographischem Hintergrund nicht das geringste wußte, als er ihn 1884 mit Karl Marx verglich (MEW 21, S.482) und sich in der Folgezeit zu seinem enthusiastischen Fürsprecher und Multiplikator in der europäischen Arbeiterbewegung machte. Noch in der 4.Auflage des ‚*Ursprung*' von 1891 vermochte er in einer kurzen Notiz über den amerikanischen Forscher lediglich zu berichten, er (Engels) habe bei einer Amerikareise im September 1888 „*einen ehemaligen Kongreßdeputierten für den Wahlbezirk von Rochester*" getroffen, „*der Lewis Morgan gekannt hatte*". Dieser habe ihm erzählt,

„*Morgan habe in Rochester als Privatmann gelebt, nur mit seinen Studien beschäftigt. Sein Bruder sei Oberst und in Washington im Kriegsministerium angestellt gewesen; durch die Vermittlung dieses Bruders habe er es fertiggebracht, die Regierung für seine Forschungen zu interessieren und mehrere seiner Werke auf öffentliche Kosten herauszugeben; er, der Erzähler, habe sich auch während seiner Kongreßzeit mehrfach dafür verwandt*" (MEW 21, Fußnote S.483). ((64))*

So gering waren die Informationsmöglichkeiten über fernstehende Personen und sogar über bedeutende Persönlichkeiten des öffentlichen Lebens vor dem Zeitalter des *World Wide Web,* von *Wikipedia* und *Google,* und so wenig wußte Engels noch sieben Jahre nach dem ersten Erscheinen des ‚*Ursprung*' über den Mann, der sein Buch inspiriert hatte und auf dessen ‚*Ancient Society*' es in wesentlichen Teilen beruhte. Sein euphorisches Urteil über Morgan basierte also auf einer äußerst schmalen Grundlage, nämlich einzig und allein auf dessen veröffentlichtem Hauptwerk, und umso wichtiger erscheint es heute, die seinerzeit noch nicht bekannten Informationen und das mittlerweile stark angewachsene Wissen über den amerikanischen Forscher in dessen Beurteilung mit einzubeziehen, um auch den ‚Menschen hinter dem Werk' besser verstehen und würdigen zu können.

Tod und Nachruhm

Morgan starb im Dezember 1881 im Alter von 63 Jahren als angesehener, aber körperlich und geistig erschöpfter Privatmann an einem nicht näher bekannten Auszehrungsleiden. Bereits der Tod seiner beiden Töchter im Jahr 1862 als Folge einer Scharlacherkrankung, von dem er auf einer seiner ethnographischen Forschungsreisen in den Westen der USA erfuhr, hatte ihn persönlich bis ins Mark getroffen, ((65)) und die Arbeit an seinem Hauptwerk *Ancient Society* erschöpfte ihn in den 1870er Jahren vollends und raubte ihm die letzten Kräfte. „Er schrieb dieses Werk mit einer solchen Intensität und Hingabe", wie sein Biograph Carl Resek vermerkt,

„dass seine Nerven darunter litten. Seine zitterige Handschrift besorgte seine Briefpartner, und er wurde depressiv und reizbar. Morgan beklagte sich darüber, dass er keine nützliche Beschäftigung finde, (…) und eine Zeitlang wuchs sein Interesse an den Angelegenheiten seiner Kirche. Er kam zu dem Schluß, dass ihre Gemeindegottesdienste einer ‚Auffrischung‘ bedurften, aber niemand verstand, was den Forscher wirklich umtrieb."

Von seinem späteren Weltruhm, der maßgeblich aus der Übernahme und Verbreitung seiner Forschungsresultate und Hypothesen durch Friedrich Engels resultierte, bekam Morgan selbst nichts mehr mit, und die zu seinen Lebzeiten veröffentlichten wissenschaftlichen Werke waren mit Ausnahme der *League of the Iroquois*, die ihm 250 Dollar Honorar einbrachte, allesamt finanzielle Zuschußprojekte – schon allein diese Tatsache verdeutlicht seinen trotz aller wissenschaftlichen Anerkennung nur sehr begrenzten Einfluß- und Wirkungsradius. ((66)) Erst Engels' Adaption von Morgans' *Ancient Society* im *Ursprung* und die nachfolgende ‚Kanonisierung‘ seines Werkes im Rahmen der sozialistischen Arbeiterbewegung machten den amerikanischen Anthropologen posthum zu jener weltweit bekannten und impulsgebenden Forscherpersönlichkeit, als die er in die anthropologischen Handbücher und Lexika eingegangen ist. Es ist eine interessante, aber leider nicht mehr zu beantwortende Frage, wie Morgan selbst zu diesem gewaltigen weltweiten

Nachruhm in explizit sozialistischem, ja kommunistischem Zusammenhang gestanden und ob er sich darüber gefreut oder davon distanziert hätte.

Ganz gewiß hätte es ihm aber wohl gefallen, dass sein Werk noch hundert Jahre nach seinem Erscheinen in Ost und West gleichermaßen geschätzt und von den Anhängern unterschiedlichster Weltanschauungen und politischer Richtungen auf internationalen Tagungen und Kongressen ideologieübergreifend diskutiert wurde. Dem von Engels weltweit bekannt gemachten amerikanischen Anthropologen fiel auf diese Weise *„im Kalten Krieg gleichsam unbeabsichtigt die Rolle eines Botschafters zwischen der kapitalistischen und der kommunistischen Welt"* zu, wie sein aktueller Biograph Daniel Noah Moses zutreffend anmerkt, ((67)) und seine ‚*Ancient Society*‘ machte einen wissenschaftlichen Brückenschlag über den ‚Eisernen Vorhang‘ hinweg mitten in der weltweiten Eiszeit möglich. Es gab in den Nachkriegsjahrzehnten nicht viele geisteswissenschaftliche Autoren und Werke, die Forscher in Ost und West in ähnlicher Weise fesselten und bewegten wie Morgan und sein so einfluß- und wirkungsreiches Buch.

4 Gemeinsamkeiten und Unterschiede im Denken von Marx, Engels und Morgan

Wie aber kam es nun dazu, dass ausgerechnet eine so widersprüchliche und keineswegs der linken oder gar sozialistischen Bewegung zuzurechnende Persönlichkeit wie Lewis Henry Morgan die Begründer des Marxismus so stark beeinflußte und Engels sogar zur Herausgabe eines auf Morgans Werk basierenden eigenen Buches bewog? Die Antwort liegt zum einen wohl in einer tiefgehenden strukturellen Verwandtschaft im Denken von Marx, Engels und Morgan, zum anderen aber auch in dessen enger Vertrautheit mit einem Forschungszweig, den die beiden Begründer des Marxismus für außerordentlich wichtig hielten, der aber nicht zu ihren eigenen Spezialgebieten gehörte – der kulturellen Anthropologie.

Morgan hatte auf diesem damals gerade erst im Entstehen begriffenen Fachgebiet mit neuartigen Fragestellungen und zuvor unbekannten Forschungsmethoden wichtige neue Resultate erzielt und aus Marx' und Engels' Sicht bahnbrechende neue Erkenntnisse gewonnen, auf denen sie in ihrer eigenen Arbeit aufzubauen gedachten und die sie in ihre eigenen Werke einzuarbeiten beabsichtigten. Im Mittelpunkt stand dabei die Frühgeschichte oder das *„Uraltertum"* der Menschheit, das Engels bereits 1878 in seinem ,Anti-Dühring' als einen *„Geschichtsabschnitt von höchstem Interesse für alle künftigen Generationen"* bezeichnet hatte, weil es *„die Herausbildung des Menschen aus dem Tierreich zum Ausgangspunkt hatte"* und *„die Grundlage aller spätern höhern Entwicklung"* bildete (MEW 20, S.107/108). ((68)) In der zweiten Hälfte des 19. Jahrhunderts lag noch immer fast völliges Dunkel über diesem noch nicht durch schriftliche Zeugnisse erhellten Zeitabschnitt, so dass auch die nachfolgenden Epochen des Altertums, die erstmals durch historische Quellen wie die Bibel oder die Werke antiker Schrifsteller beleuchtet wurden, im Hinblick auf ihre Ursprünge gewissermaßen ,in der Luft zu hängen' schienen. Umso höher bewerteten Marx und Engels alle Forschungen

und Studien, die Licht in dieses vorgeschichtliche Dunkel zu
bringen versprachen, und wohl vor allem deshalb waren sie
von Morgans Forschungen und Hypothesen von Anbeginn an
so fasziniert, ja geradezu elektrisiert.

Morgan hatte in seiner *‚Ancient Society‘* eine Stufenab-
folge dieser menschlichen Frühgeschichte entworfen, die für
Marx und Engels schon deshalb von besonderem Interesse sein
mußte, weil sie *„je nach den Fortschritten der Produktion der
Lebensmittel"* erfolgte, wie Engels zu Beginn des *‚Ursprungs‘*
positiv hervorhob. Er zitierte dabei wörtlich aus Morgans Ein-
leitungskapitel:

„Die Geschicklichkeit in dieser [= der Nahrungs]*Produktion ist entscheidend für den Grad menschlicher Überlegenheit und Naturbe-
herrschung; von allen Wesen hat nur der Mensch es bis zu einer fast
unbedingten Herrschaft über die Erzeugung von Nahrungsmitteln
gebracht. Alle großen Epochen menschlichen Fortschritts fallen,
mehr oder weniger direkt, zusammen mit Epochen der Ausweitung
der Unterhaltsquellen"* (MEW 21, S.30).

„Die Entwicklung der Familie geht daneben", setzte Engels
hinzu, *„bietet aber keine so schlagenden Merkmale zur Tren-
nung der Perioden"* (MEW 21, S.30). ((69))

Morgan als ‚historischer Materialist‘

Es leuchtet unmittelbar ein, dass dieser Grundansatz den beiden Begründern des Marxismus überaus gefallen mußte, entsprach er doch weitgehend ihrer eigenen Auffassung. Schon
1845/46 hatten sie 25- bzw. 27-jährig in ihrer gemeinsam verfaßten Selbstverständigungsschrift *‚Die deutsche Ideologie‘*
festgestellt, dass

*„die ‚Geschichte der Menschheit‘ stets im Zusammenhang mit der
Geschichte der Industrie und des Austausches studiert und bearbeitet
werden muß"* (MEW 3, S.30).

„Essen und Trinken, Wohnung und Kleidung", so Marx und
Engels damals und seither zahllose weitere Male in ihren

54

Schriften, seien *„ eine Grundbedingung aller Geschichte "*, weshalb in ihren Augen auch

„ die erste geschichtliche Tat (...) die Erzeugung der Mittel zur Befriedigung dieser Bedürfnisse - die Produktion des materiellen Lebens selbst " war (MEW 3, S.28).

Die von ihnen auf dieser Grundlage entwickelte und lebenslang verfochtene ‚materialistische Geschichtsauffassung' beruhte dementsprechend auf dem Grundprinzip,

„ den wirklichen Produktionsprozeß (...) als Grundlage der ganzen Geschichte aufzufassen und (...) die sämtlichen verschiedenen theoretischen Erzeugnisse und Formen des Bewußtseins, Religion, Philosophie, Moral etc. etc. aus ihr zu erklären " (MEW 3, S.37/38). ((70))

„Die ganze bisherige Geschichtsauffassung " habe jedoch *„ diese wirkliche Basis der Geschichte entweder ganz und gar unberücksichtigt gelassen oder sie nur als eine Nebensache betrachtet "*, wie Marx und Engels schon 1845/46 in ihrer ‚Deutschen Ideologie' kritisierten. Sie konnte daher *„ in der Geschichte nur politische Haupt- und Staatsaktionen und religiöse und überhaupt theoretische Kämpfe sehen "*, und der *„ historische Verlauf "* insgesamt mußte ihr auf einer solchen Grundlage *„ als eine bloße ‚Ritter'-, Räuber- und Gespenstergeschichte "* erscheinen (MEW 3, S.39/40).

Dieser Kritik begegneten sie nun drei Jahrzehnte später in einer Art *‚deja vu'* bei Morgan wieder. Die *„ Ereignisse des menschlichen Fortschritts "*, schrieb der amerikanische Anthropologe 1877 in seiner *‚Ancient Society'*, würden *„ in viel zu hohem Maße einzelnen Persönlichkeiten und viel zu wenig der Intelligenz der Gesamtheit beigemessen "*. Der Grund dafür liege darin, dass

„ die Geschichtsschreiber unter einer Art Zwang stehen, einzelnen Individuen eine hervorragende Bedeutung für das Eintreten der Ereignisse beizumessen und hierdurch rasch vergängliche Personen an die Stelle dauernder Prinzipien zu stellen. "

In Wahrheit aber, so Morgan weiter, manifestierten sich *„die Ereignisse des menschlichen Fortschritts unabhängig von einzelnen Menschen in Einrichtungen, Sitten und Gebräuchen (...) und in Erfindungen und Entdeckungen"*, die das *„Resultat unbewußter reformatorischer Bewegungen"* nicht zuletzt in der *„Produktion des Lebensunterhalts"* seien. ((71))

Diese Position entsprach weitgehend der Auffassung von Marx und Engels, für die die eigentliche Essenz der Historie schon seit jeher *„die Geschichte der sich entwickelnden und von jeder neuen Generation übernommenen Produktivkräfte"* war, wie sie 1845/46 in der ‚Deutschen Ideologie' schrieben (MEW 3, S.72). Da dieser beständig fortschreitende technologisch-ökonomische Entwicklungsprozeß indes *„nicht einem Gesamtplan frei vereinigter Individuen subordiniert"* - also bewußt geplant und organisiert war -, ging er Marx und Engels zufolge *„nur sehr langsam"* und *„naturwüchsig"* vor sich (MEW 3, S.45 und 72). ((72))

Die Menschheitsgeschichte als naturgesetzlicher Prozeß

Den gleichen Gedanken eines sehr langwierigen, schrittweise und kumulativ verlaufenden historischen Fortschritts und einer Art ‚Naturgesetzlichkeit' der kulturgeschichtlichen Entwicklung vertrat auch Morgan 1877 in seiner ‚Ancient Society'. In der entwicklungsgeschichtlichen Abfolge mußten, wie er dort ausführte,

„die Erfindungen und Entdeckungen eine nach der anderen kommen: Die Kenntnis der Sehne mußte dem Bogen und Pfeil vorausgehen, wie die Kenntnis des Pulvers dem Feuergewehr und die der Dampfmaschine der Eisenbahn und dem Dampfschiff vorausging. Ebenso folgten die verschiedenen Produktionsweisen in langen Zeiträumen aufeinander."

Deshalb ließen sich, so Morgan weiter,

„die Stämme der Menschheit, gleich den übereinander geschichteten geologischen Formationen, je nach ihren Zuständen in aufeinander-

folgende Schichten anordnen. So gruppiert, veranschaulichen sie mit ziemlicher Zuverlässigkeit das gesamte Gebiet des Fortschritts der Menschheit aus der Wildheit zur Zivilisation. (...) Die Zeit war ein wichtiger Faktor bei der Bildung dieser Schichten, und man darf den auf jede einzelne Kulturstufe entfallenden Zeitraum nicht zu spärlich bemessen. Jede der Zivilisation vorausgegangene Periode repräsentiert unbedingt viele Tausende von Jahren." ((73))

Diese stark an der Naturgeschichte orientierte und daher fast schon ‚naturwissenschaftlich' zu nennende Auffassung der Menschheitsentwicklung entsprach gleichfalls nahezu vollständig der Sichtweise von Marx und Engels, die *„die Entwicklung der ökonomischen Gesellschaftsformation"* schon seit jeher als einen *„naturgeschichtlichen Prozeß"* betrachteten (MEW 23, S.16 und 26). ((74)) *„Ebenso wie in den geologischen Formationen"* gebe es *„auch in den historischen Formationen eine ganze Reihe von primären, sekundären, tertiären etc. Typen"*, konkretisierte Marx 1881 in einem Briefentwurf diese Auffassung, deren Geschichte *„noch zu schreiben"* sei – *„bisher hat man dazu nur magere Skizzen geliefert"* (MEW 19, S. S.386). ((75)) Als anzustrebendes Ziel sah er dabei eine *„kritische Geschichte der Technologie"*, wie sie Darwin 1859 für die *„Bildung der Pflanzen- und Tierorgane als Produktionsinstrumente für das Leben der Pflanzen und Tiere"* entworfen hatte (MEW 23, S.392). Im ersten Band des ‚*Kapital*' lobte er 1867 in diesem Zusammenhang ausdrücklich die Terminologie und Epochenaufteilung der Archäologen, denn

„so wenig die bisherige Geschichtsschreibung die Entwicklung der materiellen Produktion, also die Grundlage alles gesellschaftlichen Lebens und daher aller wirklichen Geschichte kennt, hat man wenigstens die vorhistorische Zeit auf Grundlage naturwissenschaftlicher, nicht sog. historischer Forschungen nach dem Material der Werkzeuge und Waffen in Steinalter, Bronzealter und Eisenalter abgeteilt" (MEW 23, S.195 Anm. 5a). ((76))

Dass Morgan in seiner ‚*Ancient Society*' ausgehend von ähnlichen Grundüberlegungen nunmehr darangegangen war, diese *„bisher nur in mageren Skizzen gelieferte Geschichte der historischen Formationen"* (MEW 19, S.386) genauer in ihren damals rekonstruierbaren Einzelheiten auszuarbeiten, mußte Marx und Engels naturgemäß faszinieren, ja elektrisieren. Und dass er dabei den in ihren eigenen Arbeiten zentralen Begriff der *„Produktionsweisen"* verwendete und sich in seinen Beschreibungen überdies dem für sie ebenfalls fundamentalen Terminus der *„ökonomischen Gesellschaftsformationen"* (z. B. MEW 23, S.184) annäherte, wenngleich er ihn nicht wortwörtlich benutzte, nährte bei den beiden Begründern des Marxismus gleichfalls die Hoffnung, dass sein Werk eine wertvolle Basis für ihre eigenen theoretischen Arbeiten und Überlegungen bilden und ihnen das dafür erforderliche empirische Material liefern könne. Genau in dieser Weise nutzte und verarbeitete Engels Morgans' *,Ancient Society'* dann ja auch im *,Ursprung'*, und zweifellos zeugen die beschriebenen Parallelen und Übereinstimmungen von einer grundlegenden strukturellen Verwandtschaft im Denken von Marx, Engels und Morgan.

Der Vollständigkeit halber muss man allerdings hinzufügen, dass die beschriebene ,natur'- und ,formationsgeschichtliche' Sichtweise der menschlichen Kulturentwicklung ein weit verbreitetes evolutionistisches Denkmodell im 19. Jahrhundert war, als man den kulturellen Aufstieg der Menschheit noch überaus zuversichtlich mit der gleichen ,naturwissenschaftlichen' Präzision und Exaktheit erschließen zu können glaubte wie die Naturvorgänge in der Geologie und der Biologie. ((77)) Diese ebenso optimistische wie aus heutiger Sicht etwas naive Grundüberzeugung brachte nach den Worten des Ethnologen Burkhard Ganzer

„jenen singulären Typus des ethnologischen Gelehrten hervor, der seine Gesellschaft auf dem Gipfelpunkt eines ansteigendes Weges sah, auf dem sich die anderen noch abmühten; der das Gesetz dieses Aufstiegs erkannt zu haben glaubte und deshalb - leidenschaftslos, aber unbeirrt - den Gliedern der menschlichen Familie ihren Rang und ihre Stellung zuwies. Zu keiner späteren Zeit mehr hat die Ethnologie ein solches Vollgefühl entwickelt." ((78))

Von diesem überaus optimistischen Wissenschaftsgeist des fortgeschrittenen 19. Jahrhunderts waren unübersehbar auch

die Werke von Marx, Engels und Morgan durchdrungen und
geprägt.

Morgan ein bürgerlicher Idealist?

Passagen wie die zitierten lassen die Charakterisierung Morgans als ,materialistischer' Forscher und Denker überaus einleuchtend erscheinen und erklären auch die unmittelbare Faszination und Anziehungskraft, die sein Werk von Anbeginn auf Marx und Engels ausübte. Und tatsächlich prägen ,materialistische' Äußerungen und Positionen wie die beschriebenen bis heute das Morgan-Bild der meisten Anthropologen auf der Welt.

In erstaunlichem und auf den ersten Blick irritierendem Gegensatz dazu vertraten eine Reihe amerikanischer Anthropologen um den Völkerkundler Morris E. Opler und den Kulturhistoriker Elman Service in den 1960er bis 1980er Jahren die Auffassung, Morgan sei in Wahrheit ein bürgerlicher Idealist und Moralphilosoph gewesen, der nur deshalb fälschlicherweise als Materialist und Evolutionist mißdeutet wurde, weil sein Werk vorwiegend durch Engels' Übernahme und Wiedergabe im ,*Ursprung*' weltweit bekannt und populär wurde.

Morgan habe sich, wie Service 1981 in einem Aufsatz betonte, „niemals als Parteigänger einer bestimmten wissenschaftlichen Schule oder Richtung verstanden, sondern vielmehr als ein Aufklärer in der Tradition des 18. Jahrhunderts", und er habe eine „unter den protestantischen Theologen seiner Zeit weit verbreitete Konzeption der geistig-moralischen Entwicklung des Menschen" vertreten. „Der menschliche Fortschritt bestand für ihn", so Service, „in der Entwicklung von Geist und Moral", und sein Hauptwerk ,*Ancient Society*' sei, wie Opler bereits 1964 schrieb, „eine Studie über die geistige und moralische Entwicklung der Menschheit" und „das Wachstum bestimmter grundlegender Ideen". ((79)) Zur Untermauerung dieser Thesen zitierte Opler einen programmatischen Absatz aus der Einleitung der ,*Ancient Society*', in dem Morgan erklärte, er wolle Beweise erbringen

*„für die ursprünglich rohe Beschaffenheit der gesamten Menschheit und die stufenweise Entwicklung ihrer **geistigen und sittlichen Kräfte** durch Erfahrungen".*

Teilweise seien diese Beweise

*„der großen Reihe von Erfindungen und Entdeckungen zu entnehmen, die den ganzen Pfad des menschlichen Fortschritts sich entlang ziehen, hauptsächlich aber den Familienordnungen, welche die **Entwicklung gewisser Ideen und Triebe** bekunden." ((80))*

Ideen als historische Triebkraft

Der in diesen Zitaten bereits anklingende Glaube an die entscheidende Rolle von *„Gedanken"* und *„Ideen"* für die Entwicklung der Menschheit war auch sonst charakteristisch für Morgans Denken und Werk. So schrieb der Anthropologe in seiner *‚Urgesellschaft'* beispielsweise:

*„Aus wenigen **Gedankenkeimen** [germs of thought], die in früheren Zeitaltern ausgedacht worden sind, sind alle hauptsächlichen Institutionen der Menschheit hervorgegangen. (...) Die Entwicklung dieser Gedankenkeime hat unter der Leitung einer **natürlichen Logik** [natural logic of the human mind] stattgefunden, die ein wesentliches Attribut des Gehirns selbst ausmachte. "*

Und weiter:

„ Unter diesen ursprünglichen Gedankenkeimen, welche auf das Gemüt und auf die Bestimmung des Menschen den mächtigsten Einfluß ausgeübt haben, befinden sich diejenigen, welche Bezug haben auf Verfassung, Familie, Sprache, Religion und Eigentum". ((81))

Morgan stellte sich diese ‚Gedankenkeime' ganz unmittelbar und real als eine „materielle Erscheinung im Gehirn vor, die auf genetisch-biologischem Wege vererbt wird", wie der deutsche Soziologe Wolf Schimmang 1979 hervorhob. Sie seien in der „Frühzeit der Menschheit erdacht worden als Funktion und zugleich als Medium der ursprünglichen menschlichen Bedürfnisse". ((82)) Nach Morgan waren diese *„germs of thought"* zwar einerseits eine universelle Errungenschaft und Gabe der gesamten Menschheit, weshalb „durch Fortpflanzung vermittelt in uns das gleiche Gehirn wie in den Schädeln der Barbaren und Wilden" arbeite. Der amerikanische Anthropologe ging daher von einer „unilinearen Entwicklung und von allgemeinen Gesetzmäßigkeiten in der Geschichte der Menschheit und ihrer gesellschaftlichen Einrichtungen" aus - so Schimmang. ((83)) In seiner ‚*Urgesellschaft*' betonte Morgan beispielsweise, dass

„die menschlichen Bedürfnisse unter ähnlichen Bedingungen ziemlich dieselben gewesen sind, und daß die Wirkungen der geistigen Tätigkeit kraft der Übereinstimmung des Gehirns aller Menschenrassen gleichförmig waren." ((84))

Diese Haltung hob sich wohltuend von dem sonst im 19. Jahrhundert weit verbreiteten rassistischen Weltbild ab, das ‚kluge' und geistig überlegene ‚Zivilisierte' von ‚dummen' und intellektuell unterbelichteten ‚Wilden' abgrenzte.

Die erwähnten „*Gedankenkeime*" entfalteten sich jedoch auch bei Morgan erst allmählich im Laufe einer Jahrtausende dauernden historischen und kulturellen Entwicklung, so dass auch er ein markantes intellektuelles und kulturelles Gefälle zwischen ‚Zivilisierten' und ‚Wilden' annahm. Allerdings sah er dieses Gefälle ausschließlich „durch Zeit und Lernprozesse" bedingt und nicht durch unterschiedliche geistige Anlagen, weshalb seine Wilden „keine Untermenschen, sondern nur in der Entwicklung retardiert" waren - so Schimmang. ((85)) Nach Morgans Worten stand der ‚wilde' Mensch

„auf der untersten Stufe, hatte aber bereits die Keime der Kräfte in sich, die alles Spätere hervorgebracht haben. Mit dem Hervorbringen von Erfindungen und Entdeckungen und mit dem Wachstum der Gesellschaftsordnungen wuchs und erweiterte sich notwendig auch der menschliche Geist, und wir dürfen annehmen, daß damit zugleich auch eine allmähliche Vergrößerung des Gehirns, namentlich des Großhirns, stattfand." ((86))

Auch bei Morgan schloß die Universalität der „*Gedankenkeime*" und die „*natural logic of the human mind*" also keineswegs deutliche intellektuelle Ungleichgewichte zwischen dem

‚primitiven' und dem ‚entwickelten' Menschen aus, wobei die Entwicklungsrichtung und das ‚Ziel' der geistigen Reifung der Menschheit für ihn mit der ‚Zivilisation' als dem natürlichen und dem Menschen gewissermaßen eingeborenen Ziel- und Endpunkt der Entwicklungsgeschichte klar vorgegeben war. Der ‚Zivilisierte' zeigte in diesem evolutionistischen Weltbild dem ‚Unzivilisierten' gewissermaßen seine eigene Bestimmung und das Bild seiner Zukunft voraus, wodurch der ganze Denkansatz eine teleologische (= ‚einem Ziel zustrebende') Note erhielt.

Auch dieser ‚zielgerichtete' historische Fortschritt bei Morgan, der der Menschheitsentwicklung eine vorgegebene Richtung und einen tieferen ‚Sinn' verlieh, korrespondierte durchaus ein Stückweit mit dem Geschichtsbild von Marx und Engels. Anders als Morgan sahen die beiden Begründer des Marxismus aber nicht dem Menschen eingeborene ‚Gedanken-keime' und Ideen, sondern die Veränderungen an der materiellen Basis der Gesellschaft als die ausschlaggebende historische Triebkraft und das Agens des Fortschritts an. ((87)) Dieser materielle Aspekt spielte wie gezeigt zwar auch bei Morgan eine wichtige Rolle, aber eben als Ausfluß und Konsequenz der nach seiner Auffassung primären und die grundsätzliche Entwicklungsrichtung bestimmenden ‚Gedankenkeime' und *„natural logic of the human mind"*.

Morgan sei aufgrund dieses letztlich ausgesprochen ‚ideenfixierten' Geschichtskonzepts in Wahrheit „ein Idealist gewesen, der die zentrale Bedeutung von Ideen, des Intellekts und der Vernunft betonte, wie allein schon die Überschriften seiner Buchteile erkennen lassen", urteilte daher Opler 1964. ((88)) Der Ethnologe spielte damit auf die Überschriften der Hauptabschnitte von Morgans *‚Ancient Society'* an, die im amerikanischen Original *„Herausbildung der **Idee** der Regierung"* [Growth of the **idea** of Government], *„der **Idee** der Familie"* [of the **idea** of the family] und *„der **Idee** des Eigentums"* [of the **idea** of property; Hervorhebungen von mir, MK] lauten. Die sozialdemokratischen Übersetzer der deutschen Ausgabe von 1891, die bis 1921 vier Auflagen erlebte, änderten diese ihnen offenbar nicht 'materialistisch' genug anmutenden Formulierungen in *„Entwicklung der Gesellschaftsver-*

fassung", „*Entwicklung des Familienbegriffs"* und „*Entwicklung des Eigentumsbegriffs"* um, ohne diesen Eingriff für die deutschen Leser irgendwie kenntlich zu machen.

Zu diesen Übersetzern gehörte neben Wilhelm Eichhoff, der 1868 eine große Monographie über die Erste Sozialistische Internationale herausgab, auch der uns nun bereits wohlbekannte Herausgeber der sozialdemokratischen Zeitschrift ‚*Die Neue Zeit'* und spätere Parteiideologe Karl Kautsky, der in den 1880er Jahren eine rege Korrespondenz mit Engels unterhielt und auch eine nicht unerhebliche Rolle bei der Planung und Herausgabe des ‚*Ursprung'* spielte (siehe Kapitel 2). Daneben soll laut DDR-MEGA auch Engels selbst an der Vorbereitung und Veröffentlichung der deutschen Ausgabe von Morgans Hauptwerk, die 1891 unter dem Titel ‚*Die Urgesellschaft'* bei Johann H. W. Dietz in Stuttgart erschien, als Berater im Hintergrund mitgewirkt und möglicherweise sogar Teile des deutschen Textes vor dem Druck gelesen und begutachtet haben. „Über direkte Eingriffe von Engels gibt es jedoch keinen eindeutigen Befund", so die Herausgeber der 1990 in der DDR erschienenen MEGA – „die verdeutschten Zitate von Engels aus Morgan" wurden indes „nach Möglichkeit wörtlich übernommen." ((89))

Evolution statt Revolution

Neben seinem ‚idealistischen' Grundkonzept sprach Morgan in seinen Werken auch niemals von gewaltsamen Entwicklungsschüben, -sprüngen oder gar Revolutionen, wie Service und Opler hervorhoben, sondern stets nur von einander ablösenden und organisch ineinander übergehenden ‚Entwicklungsstufen' und -schritten, und nach eigenen Worten sah er eine „*schrittweise voranschreitende Entwicklung der Menschheit in Form einer kontinuierlichen, ununterbrochenen Kette*" von Produktionsweisen und Institutionen als das grundlegende historische Entwicklungs- und Fortschrittsprinzip an. ((90)) „Die Evolution der Regierungsformen" war für ihn beispielsweise „eine eigengesetzliche Entwicklung vorwärts zu größerer demokratischer Selbstbestimmung" und „eine Entfaltung der Anlagen des menschlichen Geistes" - so Service -, und fernab von Gedanken an irgendwelche einschneidenden Entwicklungsbrüche oder strukturumwälzenden Revolutionen betrachtete Morgan es daher etwa als

„klar, daß der [altgriechische, MK] *Rat, die Agora und der Basileus der* [altrömischen] *Gentes die Keime des Senats, der Volksvertretung und der obersten vollziehenden Behörde (König, Kaiser oder Präsident) der modernen politischen Gesellschaft sind."*

„Im Präsidenten der modernen Republiken" lebe daher immer noch *„der Geist des Gentilismus fort",* so der Anthropologe, und

„der Erfahrung der Barbaren verdanken wir die Einführung und Entwicklung der drei wichtigsten Staatsorgane, die jetzt wesentliche Bestandteile des Körpers eines zivilisierten Staates ausmachen."

Solche historischen Kontinuitäten über die Jahrtausende hinweg vermutete Morgan auch bei anderen gesellschaftlichen Institutionen, denn man begegne

„auf jedem Punkt Zeugnissen dafür, daß die großen Prinzipien, die jetzt die Gesellschaft beherrschen, sich Schritt für Schritt vervollkommneten, von Stufe zu Stufe fortschreitend, ununterbrochen dem gleichen Ziel nach aufwärts zustrebend." ((92))

Alles in allem vertrat der Inspirator des *‚Ursprung'* also eine bemerkenswert ‚harmonische' Konzeption der menschlichen Kultur und Gesellschaftsentwicklung, die ungleich stärker als diejenige von Marx und Engels auf der Grundannahme ungebrochener Kontinuität und Beständigkeit basierte. In der Geschichtsauffassung der beiden Begründer des Marxismus spielten demgegenüber ja Klassenkämpfe und Revolutionen eine nicht minder wichtige Rolle als die in langen historischen Zeiträumen schrittweise und kumulativ voranschreitende Entwicklung der Produktivkräfte, die ihrer Überzeugung nach gleichfalls von den gesellschaftlichen Rahmenbedingungen und politischen Ereignissen beeinflußt wurde. *„Die Geschichte aller*

*bisherigen Gesellschaft ist die Geschichte von Klassenkämp-
fen"*, lautete daher bereits im ,*Kommunistischen Manifest*' von
1848 ihr programmatischer Kampfruf (MEW 4, S.462) – ein
Satz, den Engels vierzig Jahre später (1888) möglicherweise
nicht zuletzt als Resultat seiner Morgan-Studien mit der Einschränkung *„seit Aufhebung der primitiven Gentilordnung mit
ihrem Gemeinbesitz an Grund und Boden"* versah (MEW 21,
S.357). ((93))

Zensierte Vorsehung

Diese im Grunde doch recht unterschiedlichen historischen
Grundkonzeptionen, auf die Marx möglicherweise mit seiner
Bemerkung anspielte, Morgan sei *„keineswegs revolutionärer
Tendenzen verdächtig"* (MEW 19, S.386; vgl. Kapitel 2) gewannen noch durch den Umstand an Bedeutung, dass der amerikanische Anthropologe die von ihm postulierte stetige und
ruhige Fortentwicklung der Technologie und der sozialen Institutionen nicht allein durch ihre Eigendynamik bestimmt, sondern darüber hinaus auch noch zumindest optional durch einen
äußeren Plan und höheren Willen gelenkt sah.

*„Die Arbeiten, Erfahrungen und Erfolge unserer barbarischen und
(...) wilden Vorfahren waren Teil des **Plans der höchsten geistigen
Macht** [plan of the Supreme Intelligence], aus dem Wilden einen
Barbaren und aus diesem Barbaren einen Menschen der Zivilisation
zu machen"*,

schrieb er nämlich ganz am Schluß seiner ,*Ancient Society*'.
((94)) Auch diesen fast beiläufigen Hinweis auf das mögliche
Wirken des Allmächtigen am Ende und gewissermaßen als
,Resumee' des Buches wollten die sozialdemokratischen Übersetzer der deutschen Ausgabe von 1891 ihren Lesern offenkundig nicht zumuten und ließen ihn in ihrer Übersetzung daher
kurzerhand weg. *„Ihre* [= unserer Vorfahren] *Arbeiten, ihre
Erfahrungen, ihre Erfolge haben aus dem Wilden einen Barbaren und aus diesem Barbaren einen Menschen der Zivilisation
gemacht"*, lautete die Passage nach der stillschweigenden
Textamputation daher schlicht und materialistisch korrekt in

der deutschen Ausgabe, ohne dass dieser inhaltliche Eingriff auch hier irgendwie kenntlich gemacht worden wäre.

Einige Sätze zuvor wies Morgan außerdem auf die zahlreichen Zufälle im Geschichtsverlauf hin und betonte, dass die Zivilisation auch erst *„einige tausend Jahre später hätte eintreten können als zu der Zeit, wo sie tatsächlich eingetreten ist **in der klugen Vorsehung Gottes** [in the good providence of God].“* Auch diesen weiteren religiösen Verweis sucht man in der deutschen Ausgabe seines Werkes vergeblich. ((95))

Einige Kommentatoren haben die Ernsthaftigkeit dieser religiösen Anspielungen und Bekenntnisse Morgans mit dem Hinweis in Frage gestellt, es habe sich bei ihnen möglicherweise nur um Lippenbekenntnisse und Zugeständnisse des Forschers an den puritanischen Geist seiner Zeit und an die Erwartungen seiner amerikanischen Leserschaft gehandelt. ((96)) Doch vor dem Hintergrund seiner skizzierten Biographie und seines aktiven Engagements in der Presbyterianischen Kirche erscheint doch die Vermutung sehr viel plausibler, dass sie tatsächlich Morgans echte religiöse Gefühle und Empfindungen wiedergaben.

Morgan und Darwin

Passend zu diesen religiösen Elementen und Einflüssen in seinem Denken war Morgan auch keineswegs ein überzeugter Anhänger von Charles Darwins' 1859 veröffentlichter Evolutionstheorie und der daraus folgenden Schlüsse hinsichtlich der tierischen Ursprünge des Menschen, wie Marx und Engels es waren und wie man aufgrund seiner üblichen Einordnung als ‚Evolutionist‘ fälschlicherweise annehmen könnte. Obwohl Morgan auf seiner Europareise 1871 mit Darwin zu einer kurzen persönlichen Unterredung zusammentraf (vgl. Kapitel 3), war er in dieser Frage vielmehr wohl lebenslang hin- und hergerissen und äußerte sich daher in seinen Schriften auch kaum explizit zu ihr. ((97))

Von Haus aus ein traditioneller Kreationist, der an die Beständigkeit der göttlich geschaffenen Arten glaubte, schrieb Morgan noch 1867 zur Zeit seiner großen Indianerforschungen

in einer zoologischen Abhandlung über den amerikanischen
Biber, *„der Schöpfer* [the creator]" selbst habe *„die verschiedenen Tierarten ins Leben gerufen"* und *„den Menschen omni-
vor* [= zum Gemischtköstler, MK] *gemacht"*. ((98)) Als wissenschaftlich denkender, analytischer Geist näherte er sich im
Lauf seines Lebens zwar ein Stückweit der damals bereits un-
trennbar mit Darwins Namen verknüpften Evolutionstheorie
an, ohne sie aber - soweit bekannt - jemals vollständig und in
all ihren Konsequenzen zu übernehmen. Sie verdiene ernsthafte
Beachtung und solle nicht voreilig aus religiösen Gründen ab-
gelehnt werden, schrieb er 1872 in einem Zeitungsartikel, und
bekannte im gleichen Jahr in einem Brief, er sehe sich *„gezwungen"*, seinen *„Widerstand"* gegen Darwin *„aufzugeben"*
und

*„die Schlußfolgerung anzuerkennen, dass der Mensch am unteren
Ende der Skala* [at the bottom of the scale] *begann und sich von dort
aus bis zu seinem derzeitigen Status emporarbeitete"*. ((99))

„Morgans ‚unteres Ende der Skala' ähnelte indes nur entfernt
demjenigen Darwins", urteilte sein Biograph Carl Resek 1960,
und „sein Evolutionismus, wenn er überhaupt diesen Namen
verdient, war nur sehr begrenzt" - so Morris E. Opler 1981.
((100))
       Morgan übernahm jedenfalls offenbar niemals wirklich
Darwins Lehre von der Herausbildung neuer biologischer Arten aus den alten durch genetische Mutation und *„natürliche
Zuchtwahl"*, und er hielt sich auch in der Frage der tierischen
Ursprünge des Menschen weitgehend bedeckt. In der Tradition
der Aufklärung des 18. Jahrhunderts aufgewachsen und lebenslang mit ihr verbunden, sah er grundlegende Gemeinsamkeiten
zwischen

*„jenen, die die Darwinsche Theorie der Abstammung des Menschen
von einem Vierfüßler übernehmen, und jenen, die knapp vor dieser
kompletten Annahme der Evolutionstheorie Halt machen, aber ebenfalls die Tatsache anerkennen, dass der Mensch am unteren Ende der
Skala* [at the bottom of the scale] *begann und sich von dort aus durch
langsames Anhäufen von Wissen seinen Weg aufwärts zur Zivilisation
erarbeitete* [worked his way up to civilization]*"*,

wie er in der 1870er Jahren in einem Manuskript zur Vorbereitung seiner ‚*Ancient Society*‘ schrieb. ((101)) Die identische Formulierung „*am unteren Ende der Skala*“ in dieser Manuskriptpassage wie in seinem oben zitierten Brief läßt vermuten, dass Morgan seine Position in dieser Frage bewußt offen halten wollte und sich deshalb absichtlich mit einer solch vagen und unpräzisen Formulierung behalf. Die Wurzeln und Anknüpfungspunkte seines persönlichen Evolutionskonzepts lagen eben eher in der Aufklärungsphilosophie des 18. Jahrhunderts und bei antiken Autoren wie Lukrez und Horaz, die bereits im Altertum eine Art intuitiver Entwicklungslehre formuliert hatten, als im naturwissenschaftlich begründeten Darwinismus seiner Zeit. Vermutlich bewußt spielte Morgan die Differenzen zwischen solchen frühen, ‚vorwissenschaftlichen‘ Entwicklungsentwürfen und Darwins präzise ausgearbeiteter Theorie der ‚*Entstehung der Arten durch natürliche Zuchtwahl*‘ herunter, da ihm der Unterschied zwischen beiden offenbar nicht allzu tiefgreifend und fundamental erschien.

„Unter beiden Sichtweisen war der frühe Zustand des Menschen durch extreme Rohheit und Wildheit gekennzeichnet, deren genaue Art und Umstände zwar nicht gänzlich unvorstellbar, aber doch schwer zu erschließen sind“,

schrieb er in seinem erwähnten Manuskriptentwurf, und passend dazu verwendete er nach Oplers Zählung den Begriff ‚*Evolution*‘ nur drei Mal auf den über 500 Seiten seiner ‚*Ancient Society*‘, während das allgemeinere Wort ‚*progress*‘ (= Fortschritt) sich dort mehrere hundert Male findet. ((102)) Für Marx und Engels war diese weitere Differenz zu Morgan - sofern sie ihnen überhaupt bewußt wurde - indes kein wirkliches Problem, da der amerikanische Anthropologe kaum etwas von seinen diesbezüglichen Zweifeln und Überlegungen in seinen Schriften explizit ansprach.

‚Hochbegabte Völker‘

Mit Morgans religiösen Wurzeln und Überzeugungen hing es vermutlich auch zusammen, dass er in seiner ‚*Ancient Society*‘

die Semiten, die in der Bibel ja eine zentrale Rolle als ‚auser-
wähltes Volk Gottes' spielen, zusammen mit den Ariern als
geistig und kulturell besonders „*begabtes*" und „*überlegenes*"
Volk hervorhob, worin ihm auch Engels im ‚*Ursprung*' ein
Stückweit folgte (z. B. MEW 21, S.33 und 155). ((103)) Morgan bezeichnete diese beiden „*Familien der Menschheit - die
arische und die semitische -*" ausdrücklich als „*die Gründer
der Zivilisation*", und sah „*von der Mittelperiode der Barbarei
an*" den „*roten Faden des Fortschritts*" überwiegend durch sie
verkörpert.

„*Die arische Völkergruppe repräsentiert den Hauptstrom des
menschlichen Fortschritts, da sie den höchsten Typus der Menschheit
hervorgebracht und ihre wirkliche Überlegenheit dargetan hat
dadurch, daß sie allmählich die Herrschaft über die ganze Erde sich
aneignete*",

schrieb er in seinem Hauptwerk wörtlich dazu. Später hätten
dann die antiken Griechen und namentlich die Athener diese
Rolle des ‚historischen Genius' übernommen, die nach Auffassung Morgans und vieler seiner Zeitgenossen

„*das ausgezeichnetste, geistig begabteste und vollkommenste Geschlecht von Menschen (waren), das die ganze Menschheit bisher
erzeugt hat. Ihre rein geistigen Errungenschaften machen noch immer die Menschheit staunen.*" ((104))

„Wie alle echten Protestanten war Morgan ein leidenschaftlicher Moralist, der den arisch-semitischen Völkern den Aufstieg
der Moralität zuschrieb", kommentierte der Anthropologe Elman Service 1981 diese Passagen, und nach seinen Worten
waren Morgans Ideen und Wertvorstellungen auch sonst stark
„moralistisch und ethnozentrisch" geprägt. ((105))
     Selbst von manchen aus heutiger Sicht biologistischen
und rassistischen Auffassungen und Untertönen waren Morgans Interpretationen und Erklärungsmuster nicht ganz frei. So
führte er in seiner ‚*Urgesellschaft*' beispielsweise die von ihm
vermutete unterschiedliche kulturelle „*Begabung*" verschiede-
ner Völker völlig unbefangen auf ihre „*unterschiedliche Ge-*

hirnentwicklung" zurück, die er ihrerseits aus einer differierenden Lebensweise und Ernährung erklärte. Die Pueblo-Indianer
Nordamerikas etwa lebten überwiegend von pflanzlicher Kost,
was nach Morgan einen *„geringeren Umfang des Gehirns bei
ihnen"* zur Folge gehabt und sich *„sehr ungünstig"* auf ihre
biologische Entwicklung ausgewirkt habe. Die antiken Arier
und Semiten hingegen hätten als Viehhalter und Hirten sehr
viel mehr Fleisch als alle anderen frühgeschichtlichen Völker
konsumiert und infolgedessen ein größeres und leistungsfähi-
geres Gehirn entwickelt, das sie optimal für ihre vermeintliche
historische Führungsrolle prädestiniere - so Morgans platt-
‚materialistische' und biologistische Argumentation. ((106))

Marx übernahm diese heute eher absurd wirkenden
Spekulationen des amerikanischen Anthropologen in seinen
‚*Ancient Society*'-Abschriften unkommentiert, und auch Engels
gab sie im ‚*Ursprung*' unhinterfragt wieder. ((107))

*„Der reichlichen Fleisch- und Milchnahrung bei Ariern und Semiten,
und besonders ihrer günstigen Wirkung auf die Entwicklung der
Kinder, ist vielleicht die überlegne Entwicklung beider Racen zuzu-
schreiben",*

lautete Morgans Hypothese nur geringfügig abgemildert in
seiner Version:

*„In der Tat haben die Pueblos-Indianer von Neu-Mexiko, die auf fast
reine Pflanzenkost reduziert sind, ein kleineres Gehirn als die mehr
fleisch- und fischessenden Indianer der niedern Stufe der Barbarei"*
(MEW 21, S. 33/34)

- eine Behauptung, die schon damals wissenschaftlich höchst
fragwürdig und kaum belegbar war.

Engels zog aus diesem historisch wohl realen Fleisch-
überschuß der antiken Hirtenvölker neben solchen kruden bio-
logistischen Spekulationen indes auch plausiblere sozialöko-
nomische Schlüsse.

*„Die Hirtenstämme (...) hatten nicht nur Milch, Milchprodukte und
Fleisch in größeren Massen (...), sondern auch Häute, Wolle, Zie-
genhaare und (...) Gespinste und Gewebe",*

schrieb er weiter hinten im ‚*Ursprung*‘ – „*damit wurde ein regelmäßiger Austausch zum erstenmal möglich*" (MEW 21, S.155/56). In dieser Argumentation setzte er fundierte Soziologie an die Stelle von fragwürdigem Biologismus und rückte Morgans zweifelhafte ethnische Spekulationen wieder ein Stückweit zurecht.

Wenngleich platte biologistische Auffassungen und Erklärungsmuster wie die zitierten im 19. Jahrhundert weit verbreitet waren und dem damaligen intellektuellen Klima entsprachen, führten sie doch unvermeidlich zu falschen historischen Schlüssen und hatten im Zeichen des europäischen Kolonialismus auch ganz unmittelbare, blutige Konsequenzen. Von ihrem Ursprung her waren sie fraglos eher ideologisch als wissenschaftlich-empirisch motiviert und wurzelten im Falle Morgans wohl nicht zuletzt in seinen evangelikalen Denkmustern und Auffassungen.

Ein heterogenes Werk

Morgans Evolutionsmus lasse sich angesichts all dessen „besser in den Kategorien seiner theologischen Überzeugungen als in den Begriffen seiner Wissenschaft verstehen", urteilte Service 1981, und Opler kritisierte schon 1962, man habe bei der Adaption Morgans „einen Deisten in einen Materialisten verwandelt." „Nach meiner Auffassung besteht keine intellektuelle Verwandtschaft zwischen Marx und Morgan und war Morgan in philosophischer Hinsicht kein Materialist", setzte der Ethnologe provokativ hinzu. „Marx and Engels mißdeuteten ihn, und sie benutzten das Material seiner ‚*Ancient Society*‘ äußerst selektiv" - so Oplers kritisches Fazit. ((108))

Bei alledem darf man freilich auch nicht vergessen, dass wir heute in weitgehender Kenntnis der Biographie Morgans und seines persönlichen Hintergrundes vieles naturgemäß sehr viel klarer und schärfer sehen als es Marx und Engels seinerzeit möglich war, die ja nur sein publiziertes Hauptwerk kannten. Opler und Service schossen daher mit ihrer vollständig ‚idealistischen‘ Interpretation und Umdeutung Morgans sicher deutlich übers Ziel hinaus, und doch mögen ihre Beobachtungen und Argumente das eine oder andere Körnchen Wahrheit enthalten.

Eine vermittelnde Position zwischen den beiden konträren Sichtweisen nahm um die Mitte des 20. Jahrhunderts der neoevolutionistische amerikanische Anthropologe Leslie A.White ein, der Morgan und sein Werk außerordentlich schätzte und zu seinem wissenschaftlichen Nachlaßverwalter und bedeutendsten akademischen Erben wurde. „Morgan vertrat eine idealistische Interpretation der kulturellen Evolution ebenso wie eine materialistische", schrieb White 1949 zu den skizzierten Fragen, denn für ihn waren „Institutionen der Ausdruck von Ideen und im menschlichen Geist verwurzelten [implanted] Gedankenkeimen" - „das Wachstum und die Realisierung dieser Ideen" sah er jedoch „von materiellen Bedingungen abhängig, insbesondere vom technischen Fortschritt". ((109))

Ganz ähnlich urteilten auch die Herausgeber der 1990 in der DDR erschienenen MEGA-Ausgabe des ‚Ursprung‘, Morgan sei zwar „in letzter Instanz Idealist" gewesen,

„doch prägte dieser Idealismus seine Darstellung nicht. (…) Der Sache nach, in seinen empirisch-historischen Ausführungen wie auch in seiner vergleichenden und rückschließenden Methode, gab es bei ihm vielfach Berührungspunkte mit dem historischen Materialismus, weit mehr als bei seinen europäischen Fachkollegen. (…) Diese Seiten Morgans dienten als Ansatz- und Ausgangspunkt für Engels‘ eigene Forschungen. Die idealistischen Befangenheiten fielen demgegenüber nicht ins Gewicht, und konnten als Beiwerk außer Betracht bleiben." ((110))

Diese intellektuelle Heterogenität und Vielschichtigkeit Morgans und seinen weltanschaulichen „*Eklektizismus*" brachte vielleicht Opler mit seiner vielzitierten Bemerkung am besten auf den Punkt, Morgans Werk gleiche einem „Rorschachtest [= Tintenklecks-Test, MK] für heutige Forscher", in dem aufgrund seiner Vieldeutigkeit und Vexierbildhaftigkeit jeder etwas anderes sehen könne und auch gesehen habe – aber eben nur, weil tatsächlich so viel an Unterschiedlichem und zum Teil auch Widersprüchlichem darin steckte. ((111))

72

5 Morgans Verwandtschaftstheorie und ihre Verarbeitung im *‚Ursprung'*

Zu den bis heute nicht vollständig geklärten Fragen in Morgans Leben und Werk gehört auch der Einfluß, den der Presbyterianergeistliche Joshua Hall McIlvaine (1815-1897) auf den Anthropologen und sein Denken ausübte. McIlvaine lehrte von 1860 bis 1870 Philologie und Gesellschaftswissenschaften an der Princeton University und nahm den damals in anthropologischen Fragen noch unerfahrenen Morgan als intellektueller Mentor unter seine Fittiche, woraus sich eine langjährige Freundschaft entwickelte. Die beiden ungleichen Männer standen über zwanzig Jahre lang in regelmäßigem Kontakt und Gedankenaustausch miteinander, und Morgan verdankte dem hochgebildeten und belesenen Geistlichen eine ganze Reihe wichtiger theoretischer und methodischer Anregungen. Unter anderem scheint auch der Gedanke einer fortschreitenden evolutionären Entwicklung der Familien- und Verwandtschaftsformen auf einen solchen Denkanstoß McIlvaines zurückgegangen zu sein.

Morgan hatte zu Beginn seiner Feldforschungen unter den Indianern nämlich offenkundig eine Zeitlang erhebliche Probleme, die bei ihnen beobachteten und in der Folgezeit auch bei anderen Völkern festgestellten oder hypothetisch erschlossenen verschiedenartigen Familien- und Verwandtschaftsformen von ihrer Entstehung her zu erklären. In seinen ersten Veröffentlichungen stellte er sie deshalb einfach noch unverbunden nebeneinander, ohne eine zeitliche oder entwicklungsgeschichtliche Abfolge zwischen ihnen oder gar ein Hervorgehen der einen Form aus der anderen zu postulieren.

Hier scheint ihm in der Folgezeit neben den damals neuen Erkenntnissen in der Biologie und Erdgeschichte vor allem McIlvaines Hinweis, einige der von Morgan dokumentierten schwer erklärbaren Familienformen könnten aus einem vorangegangenen Zustand uneingeschränkten Geschlechtsverkehrs und regelloser Promiskuität entstanden sein, einen völlig neuen Blickwinkel und Deutungsansatz geliefert zu haben. Der

Geistliche wies seinen Schüler und Freund nach den Worten
Wolf Schimmangs nämlich auf den antiken griechischen Geschichtsschreiber Herodot (5. Jahrhundert v. Chr.) hin,

„der afrikanische Stämme erwähnt, in denen Männer und Frauen
Gruppenehen bilden. Die Gruppenehe aber erkläre schlüssig den
Umstand, daß Leute Bruder und Schwester, Vater und Mutter ge-
nannt werden, obwohl sie es im leiblichen Sinne nicht sind: einfach
darum, weil sie von den leiblichen Verwandtschaftsgraden nicht mit
Sicherheit unterscheidbar sind." ((112))

Den sich daraus ergebenden Gedanken einer ‚Urpromiskuität'
oder eines frühgeschichtlichen *„Hetärismus"* im Sinne einer
gesellschaftlich legitimierten und sozial gebilligten Polygamie
hatte 1861 auch schon der Schweizer Rechtshistoriker und
Altertumsforscher Johann Jakob Bachofen in seinem berühmten und auch von Engels (MEW 21, S.474 ff.) ausführlich ge-
würdigten Werk *‚Das Mutterrecht'* formuliert und ausgearbei-
tet. Diese Arbeit erschien jedoch auf Deutsch und spielte vielleicht deshalb für den Amerikaner Morgan keine allzu große
Rolle - anders als Engels erwähnte er sie in seiner *‚Ancient
Society'* jedenfalls nur kurz und ging nicht ausführlicher auf
sie ein. ((113))
     So scheint es tatsächlich McIlvaines Hinweis gewesen
zu sein, der Morgan den Schlüssel zu dem erwähnten neuen
Denk- und Forschungsansatz lieferte, wie es der Geistliche
nach dem Tod seines Freundes auch nachdrücklich für sich in
Anspruch nahm. *„Während all dieser Jahre"* seiner Indianer-
studien habe Morgan, so erklärte McIlvaine 1881 etwas selbst-
gefällig, aber wohl zutreffend in seiner Grabrede für den verstorbenen Freund,

*„nicht die geringste Vorstellung eines Entwicklungsprozesses gehabt,
aus dem das* [von ihm entdeckte indianische, MK] *Verwandtschaftssystem hervorgegangen sein könnte". - „Es mußte - davon war er
übezeugt - ein helles Licht auf die prähistorischen Menschen werfen,
doch ein Licht, das er noch nicht entdeckt hatte". - „Aber bevor das
Werk beendet war, lernte Morgan eine Hypothese"* [= McIlvaines
beschriebene Promiskuitätstheorie, MK] *„kennen und übernahm sie.
(...) Die Übernahme und Anwendung dieser Erklärung auf die riesige*

Menge an Daten, die er gesammelt hatte, bewirkte eine vollständige Revolution im Denken unseres Freundes." ((114))

Jedenfalls fügte Morgan, wie auch der Ethnologe Michael Oppitz hervorhebt, „erst in die Endfassung seiner *,Systems'* [*of Consanguinity* von 1871, MK] die *,vermutliche Geschichte der Familie'* als entwicklungsgeschichtliches Gerüst ein, in dem die unterschiedlichen Formen des Verwandtschaftssystems temporalisiert", das heißt zeitlich angeordnet und gestaffelt waren. „Danach konnten diese unterschiedlichen Formen der Verwandtschaftsverhältnisse sukzessiven Phasen eines menschheitsgeschichtlichen Prozesses (…) zugeordnet werden", so Oppitz weiter. Und da ebendies offenkundig auf McIlvaines' Anregung hin geschah, urteilte Elman Service 1981, „der Evolutionismus in *,Ancient Society"'* sei in Wahrheit „derjenige McIlvaines, aber Morgan übernahm und veröffentlichte ihn, so dass er der Nachwelt durch Morgans Buch überliefert wurde". ((115))

Von der ,Gruppen'- zur Einzelehe

Nachdem er den Grundgedanken einer zeitlichen Abfolge und evolutionären Fortentwicklung der Familien- und Verwandtschaftsformen aber erst einmal übernommen hatte, entwarf Morgan selbstständig ein hypothetisches Entwicklungsschema von fünf aufeinanderfolgenden Ehe- und Partnerschaftsformen sowie den aus ihnen resultierenden Verwandtschaftssystemen, das mit der angenommenen urzeitlichen Promiskuität begann und über die sog. ,Geschwister'- und ,Gruppenehe' bis hin zur antiken und schließlich modernen Monogamie führte. Nach den Vorstellungen des amerikanischen Anthropologen waren diese unterschiedlichen Ehe- und Familienformen, die sich nicht zuletzt aus ihren stark differierenden Verwandtschaftsbe zeichnungen ableiten ließen, historisch in eben dieser Reihenfolge *„nacheinander eine aus der anderen entstanden und repräsentieren in ihrer Gesamtheit die Entwicklung des Familienbegriffs."* ((116))

Dieses von Morgan 1871 erstmals veröffentlichte Entwicklungsmodell war für die damalige Zeit ebenso revolutionär wie provokativ. Begann die Geschichte der Menschheit nach der traditionellen und im 19. Jahrhundert nach wie vor einflußreichen Erzählung der Bibel mit dem monogamen ‚Urpaar' Adam und Eva, so ließ der amerikanische Forscher sie nun stattdessen mit dem Fehlen jeglicher fester Geschlechtspartnerschaften und mit völliger sexueller Bindungslosigkeit beginnen. Es ist nicht ohne eine gewisse Ironie, dass Morgan die Anregung zu diesem freizügigen und für das evangelikale Bürgertum des 19. Jahrhunderts schlicht skandalösen Szenario ausgerechnet von einem Geistlichen, nämlich Reverend McIlvaine, erhalten haben soll.

Die weitere evolutionäre Entwicklung der Familienformen war Morgan zufolge dann vor allem gekennzeichnet durch die schrittweise Reduzierung der sozial jeweils zulässigen Partnerschaftsformen von anfangs der ganzen Gruppe bis zu am Schluß nur noch zwei in strikter Monogamie lebenden Eheleuten in den jüngeren historischen Kulturepochen. Engels übernahm dieses griffige evolutionistische Entwicklungsschema im ‚*Ursprung*' nahezu unverändert und resummierte es mit den Worten:

„Die Entwicklung der Familie in der Urgeschichte besteht somit in der fortwährenden Verengung des ursprünglich den ganzen Stamm umfassenden Kreises, innerhalb dessen eheliche Gemeinschaft zwischen den beiden Geschlechtern herrscht. Durch fortgesetzte Ausschließung erst näherer, dann immer entfernterer Verwandten (...) wird endlich jede Art von Gruppenehe praktisch unmöglich, und es bleibt schließlich das eine (...) Paar übrig" (MEW 21, S. 52). ((117))

Die grundlegende Schwäche dieses in sich fraglos schlüssigen Modells lag indes von Anbeginn in dem Umstand, dass die von Morgan und Engels postulierten Anfangsstufen der Promiskuität und der ‚Gruppenehe' empirisch völlig unbelegt und nur hypothetisch auf der Grundlage der Entwicklungslogik und -dynamik angenommen waren. Morgan räumte dies selbst auch unumwunden ein, wenn er in seiner ‚*Urgesellschaft*' schrieb:

„Der unterschiedslose Geschlechtsverkehr läßt sich theoretisch folgern als ein Zustand, der der Blutverwandtschaftsfamilie notwendig vorausgegangen sein muß, aber er liegt verschleiert in der nebelhaften Urzeit des Menschengeschlechts, außer dem Bereich positiven Wissens."

Ein *„vollständiger Nachweis"* der von ihm vermuteten Entwicklungsreihe müsse daher *„den Resultaten zukünftiger ethnologischer Forschungen anheimgestellt bleiben"*, so der Anthropologe wörtlich. ((118)) Und auch Engels äußerte sich in der überarbeiteten Neuausgabe des ,*Ursprung*' von 1891 eher vorsichtig über die vermutete älteste Stufe der ,Ur-Promiskuität' und versah seine diesbezüglichen Aussagen mit der Einschränkung:

*„Jene primitive Gesellschaftsstufe, **falls sie wirklich bestanden hat**, gehört einer so weit zurückliegenden Epoche an, daß wir schwerlich erwarten dürfen, in sozialen Fossilien, bei zurückgebliebenen Wilden, direkte Beweise für ihre einstige Existenz zu finden"* (MEW 21, S.39. Hervorh. von mir, MK).

Damit aber stand das Herzstück und gewissermaßen die Essenz von Morgans' und Engels' evolutionärer Familientheorie von vorn herein auf ziemlich wackeligen Beinen.

Mama's Baby – Papa maybe

Naturgemäß hätten sich in einem solchen Urzustand häufig wechselnder Partnerschaften und regellosen Geschlechtsverkehrs allein die Mütter, nicht hingegen die Väter der aus den sexuellen Beziehungen hervorgehenden Kinder zuverlässig ermitteln lassen.

„Die verwandtschaftlichen Beziehungen zwischen (...) Vater und Kind waren nicht mit Sicherheit bestimmbar, solange nicht die Monogamie die höchste überhaupt erreichbare Gewißheit gewährte",

schrieb Morgan dazu in seiner ,*Ancient Society*', ((119)) und auch Engels unterstrich im ,*Ursprung*':

„Bei allen Formen der Gruppenfamilie ist es ungewiß, wer der Vater eines Kindes ist, gewiß aber ist, wer seine Mutter" (MEW 21, S.47).

Und er illustrierte den Sachverhalt am Beispiel einer wohlhabenden brasilianischen Indianerfamilie, in der die Mutter auf die Frage eines Reisenden nach dem Vater ihrer Tochter

„lächelnd antwortete: Nao tem pai, é filha da fortuna - *sie hat keinen Vater, sie ist ein Zufallskind."*

„Was dem Zivilisierten hier befremdlich vorkommt, ist einfach die Regel nach Mutterrecht und in der Gruppenehe", kommentierte Engels dieses aus der Literatur entnommene Beispiel (MEW 21, S.56). ‚Mama's baby – Papa: maybe‘, ließen sich solche Verhältnisse flapsig mit einem heute geläufigen Sprichwort zusammenfassen.

Da Morgan eine derartige sexuelle Bindungslosigkeit aber für die gesamte menschliche Frühzeit annahm, vermutete er eine zu Beginn der Menschheitsentwicklung stets über die Mütter verlaufende Abstammungslinie, wie er sie bei seinen Feldforschungen unter den nordamerikanischen Indianern auch immer wieder angetroffen hatte. Mit dieser auch in der modernen Völkerkunde vielfach dokumentierten *Matrilinearität* ging ihm zufolge aber eine auch sonst starke gesellschaftliche und soziale Stellung der Frauen einher, die im Verlauf der Entwicklung zur Monogamie indes immer schwächer geworden und schließlich der Dominanz und Herrschaft der Männer gewichen sei.

Vom Matriarchat zur Männerherrschaft

Einen ähnlichen Übergang von einem frühen Mutterrecht oder *Matriarchat* (in seiner Terminologie ‚*Gynaikokratie*‘) zum historischen Patriarchat vermutete auch Johann Jakob Bachofen in seinem bereits erwähnten Buch ‚*Das Mutterrecht*‘ von 1860, auf das Engels in der überarbeiteten Neuausgabe des ‚*Ursprung*‘ mehrfach Bezug nahm (MEW 21, S.474-476). Bei Engels wurde aus dieser von Bachofen und Morgan vermuteten

starken gesellschaftlichen Stellung der frühgeschichtlichen
Frau ihre regelrechte Dominanz und eine *„in der Urzeit allgemein verbreitete Vorherrschaft der Weiber"* (MEW 21, S.54),
denn

*„[früh] kommunistischer Haushalt bedeutet Herrschaft der Weiber im
Hause, wie ausschließliche Anerkennung einer leiblichen Mutter (...)
hohe Achtung der Weiber, d. h. der Mütter bedeutet"* (MEW 21,
S.53). ((120))

Es sei daher

*„eine der absurdesten, aus der Aufklärung des 18. Jahrhunderts
überkommenen Vorstellungen, das Weib sei im Anfang der Gesellschaft Sklavin des Mannes gewesen."*

Vielmehr habe die Frau *„ bei allen Wilden und allen Barbaren
(...) eine nicht nur freie, sondern hochgeachtete Stellung"*, und
der *„Umsturz des Mutterrechts"* sei *„die **weltgeschichtliche
Niederlage des weiblichen Geschlechts"*** gewesen (MEW 21,
S. 53 und S.61. Hervorh. im Original). Mit diesem fast schon
feministischen Narrativ wurde Engels in den 1970er Jahren
eine Zeitlang zu einer Ikone der linken Frauenbewegung und
sein ‚*Ursprung*‘ zu einem Referenzwerk progressiver Feministinnen. ((121))

Erbwesen und Monogamie

Die Grundlinie der historischen und sozialen Entwicklung verlief nach Morgan und Engels also von der ursprünglichen, mutterrechtlich organisierten Verwandtschaftsgruppe (lat. *gens*)
und einer Dominanz der Frauen in der Ur- und Frühgeschichte
zur *„Alleinherrschaft der Männer"* (MEW 21, S.61) in der
patriarchalischen Kleinfamilie (lat. *familia*) historischer Zeit.
Als wesentlichste Triebkraft hinter dieser vermuteten Entwicklung, die gleichbedeutend mit einer schrittweisen gesellschaftlichen Entrechtung der Frauen war, sahen Morgan und Engels
aber die im Laufe der Zeit immer bedeutender werdende Rolle
des Privateigentums, das sich vornehmlich die mehr und mehr

an Macht gewinnenden Männer angeeignet hätten und das sie ausschließlich an ihre eigenen Kinder und namentlich ihre Söhne weitergeben wollten.

Die zuverlässige Sicherstellung der leiblichen Vaterschaft und damit der Legitimität des väterlichen Erbes war daher nach Morgan und Engels das eigentlich bestimmende Motiv hinter dem Übergang zur monogamen Ehe und der Forderung nach absoluter sexueller Treue der Frau. Denn nur durch eine solche vollständige weibliche Treue war die Vaterschaft der Männer an den in der Ehe geborenen Kindern und damit die Legitimität des väterlichen Erbes gewährleistet, weshalb sie im Interesse des nunmehr männlich dominierten Erbwesens mit aller Härte und Nachdruck durchgesetzt wurde.

„Die monogamische Familie verdankt ihren Ursprung dem Eigentum", hob Morgan in diesem Sinne in seiner *‚Urgesellschaft'* hervor, denn

„die Gewißheit hinsichtlich der Vaterschaft von Kindern mußte jetzt eine Bedeutung gewinnen, die in früheren Gesellschaftszuständen unbekannt war."

Einzig *„die Monogamie"* stellte nach seinen Worten aber *„die Vaterschaft der Kinder und die Legitimität der Erben sicher"*. ((122)) Und auch Engels unterstrich im *‚Ursprung'* mit gleichem Tenor:

*„Die Monogamie entstand aus der Konzentrierung größerer Reichtümer in **einer** Hand – und zwar der eines Mannes – und aus dem Bedürfnis, diese Reichtümer den Kindern dieses Mannes und keines andern zu vererben. Dazu war Monogamie der Frau erforderlich, nicht des Mannes"* (MEW 21, S.77. Hervorh. im Orignal). ((123))

Übernahme und Modifikation

Engels übernahm Morgans Modell der Familienentwicklung in der Erstausgabe des *‚Ursprung'* von 1884 also weitgehend unverändert, ((124)) doch in der sieben Jahre später (1891) veröffentlichten und um 23 Seiten erweiterten 4. Auflage und ‚Endversion', die allen späteren Ausgaben zugrunde liegt,

nahm er eine ganze Reihe von Ergänzungen und Akzentver-
schiebungen vor. Durch diese Hinzufügungen und Modifikati-
onen, die das Resultat einer intensiveren Beschäftigung mit
dem Thema und einer gründlicheren Vorbereitung der Neuver-
öffentlichung waren (Genaueres dazu in Teilband 4 dieser Studie), erhielt Engels' Darstellung im Endeffekt eine zum Teil
deutlich andere ‚Färbung‘ und Gewichtung als bei Morgan der
Fall. ((125))

So sah der amerikanische Anthropologe beispielsweise
in der Entwicklung von der vermuteten ‚Ur- Promiskuität‘ zur
monogamen Einzelehe erklärtermaßen einen fundamentalen
Fortschritt und eine Höherentwicklung vom moralisch ‚Tiefer-
stehenden‘ zum sittlich ‚Ehrbareren‘ und Höheren. Die von
ihm angenommene älteste Stufe des *„unterschiedslosen Geschlechtsverkehrs“* bezeichnete er in seiner ‚*Urgesellschaft*‘
wörtlich als *„denkbar niedrigstes Stadium der Wildheit“*, denn

*„der Mensch in diesem Zustande war (...) ohne Ehe, wahrscheinlich
herdenweise lebend, nicht allein ein Wilder, sondern auch arm an
Geisteskräften und noch ärmer an sittlichem Gefühl“.*

Daher habe es *„der höchsten geistigen und sittlichen Anstren-
gungen durch unermeßliche Zeiträume“* bedurft, um das promiskuide Ur-System *„durch die gegen dasselbe wirkenden
moralischen Elemente der Gesellschaft“* zu zersetzen. *„Wir
werden die große Institution der Familie, wie sie jetzt besteht,
erst richtig schätzen lernen“*, so Morgan mit Inbrunst weiter in
seinem Buch, *„wenn wir den Aufwand von Zeit und Intelligenz
in Anschlag bringen, den ihre Entwicklung erforderte“*. Sie sei
*„das reichste Vermächtnis (...), das die Urgesellschaft uns
hinterlassen hat“*, zeige sie doch

*„vielleicht eindringlicher als irgendeine andere Institution das stu-
fenweise Aufsteigen des menschlichen Fortschritts aus den Tiefen
urwüchsiger Wildheit durch die Barbarei zur Zivilisation.“* ((126))

Engels hingegen beschrieb den Entwicklungsweg von der postulierten ‚Gruppen‘- zur Einzelehe im ‚*Ursprung*‘ betont nüchtern und ohne irgendwelche moralischen Werturteile als das

folgerichtige und notwendige Resultat der sozialökonomischen Entwicklung vom Urkommunismus zur Klassengesellschaft. Zwar betonte auch er, dass

„die Monogamie von allen bekannten Familienformen diejenige war, unter der allein sich die moderne Geschlechtsliebe entwickeln konnte" und damit *„der größte sittliche Fortschritt"*, der *„der ganzen früheren Welt unbekannt war"* (MEW 21, S.71/72).

Die monogame Ehe selbst war nach seinen Worten aber ursprünglich

„keineswegs eine Frucht der individuellen Geschlechtsliebe, mit der sie absolut nichts zu schaffen hatte, da die Ehen nach wie vor Konvenienzehen blieben." „Im ganzen Altertum wurden sie von den Eltern für die Beteiligten geschlossen, und diese finden sich ruhig hinein."

Deshalb könne auch *„vor dem Mittelalter (...) von individueller Geschlechtsliebe nicht die Rede sein"* (MEW 21, S.67 und 78), ((127)) und selbst dort habe sie sich zunächst nicht *„als Liebe der Ehegatten zueinander"* entwickelt, sondern in der *„ritterlichen Liebe des Mittelalters"*, die *„keineswegs eine eheliche Liebe"* war, sondern

„im Gegenteil (...) mit vollen Segeln auf den Ehebruch lossteuerte, und ihre Dichter feiern ihn" (MEW 21, S.72).

Die berühmten ‚Tageslieder' und Minnegesänge aus dieser Epoche schilderten diese *„ritterliche Ehebruchsliebe"* in *„glühenden Farben"*, so Engels, ((128)) doch:

„Von dieser Liebe, die die Ehe brechen will, bis zu der, die sie gründen soll, ist noch ein weiter Weg, den das Rittertum nie vollauf zurücklegt" (MEW 21, S.79).

Nicht zuletzt vor diesem historischen Hintergrund wandte der Mitbegründer des Marxismus sich ungeachtet seiner Anerkennung der *„individuellen Geschlechtsliebe"* als *„größtem sittlichem Fortschritt"* (MEW 21, S.71/72) zugleich entschieden gegen eine vorwiegend moralische Bewertung der historischen

Ehe- und Partnerschaftsformen. Es sei *„neuerdings Mode geworden"*, so bemerkte er 1891 in der erweiterten Neuauflage des ‚Ursprungs' ironisch, die vermutete promiskuide *„Anfangsstufe des menschlichen Geschlechtslebens wegzuleugnen"*, denn: *„Man will der Menschheit diese ‚Schande' ersparen."* Jedoch bleibe *„alles Verständnis der Urzustände unmöglich, solange man sie durch die Bordellbrille anschaut"* (MEW 21, S.39 und 43). Und über die einer solchen Sichtweise zugrunde liegenden Moralvorstellungen spottete er:

„Wenn strenge Monogamie der Gipfel aller Tugend ist, so gebührt die Palme dem Bandwurm, der in jedem seiner 50 – 200 Proglottiden oder Leibesabschnitte einen vollstädigen weiblichen und männlichen Geschlechtsapparat besitzt und seine ganze Lebenszeit damit zubringt, in jedem dieser Abschnitte sich mit sich selbst zu begatten" (MEW 21, S.40).

In Wahrheit sehe die vielgescholtene ‚Gruppenehe', wie er weiter hinten im ‚Ursprung' erklärte, aus der Nähe betrachtet

„nicht ganz so grauenvoll aus, wie die an Bordellwirtschaft gewohnte Philisterphantasie sich das vorstellt. (...) Dem oberflächlichen Beobachter stellt sie sich dar als lockre Einzelehe und stellenweise Vielweiberei neben gelegentlicher Untreue. (...) Wo der Europäer Sittenlosigkeit und Gesetzlosigkeit sieht, herrscht in der Tat ein strenges Gesetz" (MEW 21, S.50/51).

Kritik der bürgerlichen Doppelmoral

Wesentlich kritischer ging Engels hingegen mit der von Morgan als Gipfel der Moralität beschriebenen bürgerlichen Ehe ins Gericht. Während nach den Worten des amerikanischen Anthropologen

„die ganze bisherige Kulturentwicklung, der ganze Fortschritt der Menschheit in dieser so hervorragenden Institution gipfelte und sich kristallisierte", die *„allein imstande"* sei, *„die Gesellschaft auf eine sittliche Grundlage zu stellen"*, ((129))

beschrieb Engels die historische ebenso wie die zeitgenössische „*Einzelehe*" vorwiegend negativ und in betont düsteren Farben. Der historische Übergang zur Monogamie im Altertum bedeutete nach seinen Worten „*keineswegs (...) die Versöhnung von Mann und Weib.*" Vielmehr trete

„*die Einzelehe ein in die Geschichte (...) als Unterjochung des einen Geschlechts durch das andre, als Proklamation eines bisher in der ganzen Vorgeschichte unbekannten Widerstreits der Geschlechter. (...) Der erste Klassengegensatz, der in der Geschichte auftritt, fällt zusammen mit der Entwicklung des Antagonismus von Mann und Weib in der Einzelehe, und die erste Klassenunterdrückung mit der des weiblichen Geschlechts durch das männliche*" (MEW 21, S.68).

Deshalb sei die monogame Ehe zwar, so Engels weiter,

„*ein großer geschichtlicher Fortschritt, aber zugleich eröffnet sie neben der Sklaverei und dem Privatreichtum jene bis heute dauernde Epoche, in der jeder Fortschritt zugleich ein relativer Rückschritt, in dem das Wohl und die Entwicklung der einen sich durchsetzt durch das Wehe und die Zurückdrängung der andern. Sie ist die Zellenform der zivilisierten Gesellschaft, an der wir schon die Natur der in dieser sich voll entfaltenden Gegensätze und Widersprüche studieren können*" (MEW 21, S.68).

Für die nicht zuletzt auch bei Morgan ganz selbstverständliche Gleichsetzung von formeller Monogamie und tatsächlicher ehelicher Treue ((130)) hatte der lebenserfahrene Engels schließlich nur Hohn und Spott übrig und brandmarkte das offiziell proklamierte bürgerliche Treuegebot, ohne Morgan dabei ausdrücklich zu erwähnen, mit beißendem Sarkasmus als bloßes moralisches Blendwerk und zumindest auf Seiten des Mannes in der Realität oft genug eine reine Chimäre.

„*Die alte verhältnismäßige Freiheit des Geschlechtsverkehrs verschwand keineswegs mit dem Sieg der Paarungs- oder selbst der Einzelehe*",

konstatierte er im ‚*Ursprung*‘ sachlich und nüchtern, denn der
„*außereheliche geschlechtliche Verkehr der Männer mit un-*
verheirateten Weibern“ oder „*Hetärismus*“ ((131))

„*setzt die alte Geschlechtsfreiheit fort – zugunsten der Männer. In*
der Wirklichkeit nicht nur geduldet, sondern namentlich von der
herrschenden Klasse flott mitgemacht, wird er in der Phrase ver-
dammt. Aber in der Wirklichkeit trifft diese Verdammung keineswegs
die dabei beteiligten Männer, sondern nur die Weiber: Sie werden
geächtet und ausgestoßen, um so nochmals die unbedingte Herrschaft
der Männer über das weibliche Geschlecht als gesellschaftliches
Grundgesetz zu proklamieren“ (MEW 21, S.68/69).

„*Neben dem sein Dasein durch den Hetärismus verschönern-*
den Ehemann steht die vernachlässigte Gattin“, so Engels‘
düsteres Fazit: „*Erinnert sich die Frau der alten geschlechtli-*
chen Praxis und will sie erneuern, so wird sie strenger bestraft
als je zuvor“ (MEW 21, S.65 und 69). ((132))

Der gehörnte Ehemann

Wenige Seiten später wies Engels im Widerspruch hierzu jedoch auf den in vielen Ländern dem ‚Hetärismus‘ der Männer
nahezu ebenbürtigen „*üppigen Ehebruch auf seiten der Frau*“
hin. Wie der außereheliche Verkehr der Männer sei auch er
„*eine unvermeidliche gesellschaftliche Einrichtung*“ geworden
- „*verpönt, hart bestraft, aber ununterdrückbar*“, denn:

„*Gegen den Ehebruch wie gegen den Tod ist kein Kräutlein gewach-*
sen“,

wie der lebenserfahrene Engels in gewissem Widerspruch zur
ansonsten vorwiegend männerkritischen Grundausrichtung
seiner Schrift konstatierte (MEW 21, S.70 und 72). ((133))
Bereits 1878 hatte er in seinem ‚*Anti-Dühring*‘ unter Verweis
auf die seinerzeit offenbar nicht seltene finanzielle Unterstüt-
zung männlicher Studenten durch betuchte Gönnerinnen auch
einen Teil der wohlhabenden Bürgersfrauen ausdrücklich in

den Usus des regelmäßigen und gewohnheitsmäßigen außer-
ehelichen Verkehrs mit einbezogen, denn

*„schon zu meiner Zeit (...) reimte sich Referendarius oft genug auf
Schürzenstipendarius"*,

wie er im *‚Anti-Dühring'* nicht ohne anzüglichen Unterton
schrieb (MEW 20, S.303). ((134))

Als Folge dieser keineswegs seltenen sexuellen Seitensprünge
auch vieler Ehefrauen werde aber auch die leibliche Vaterschaft ihrer Kinder erneut unsicher und zu einer vorwiegend
konventionellen und juristischen Glaubensangelegenheit.

*„Um den unlöslichen Widerspruch zu lösen, dekretierte der Code
Napoléon Art 312: (...) ‚Das während der Ehe empfangne Kind hat
zum Vater – den Ehemann'"*,

zitierte Engels in diesem Zusammenhang das französische Zi-
vilgesetzbuch von 1804 und kommentierte sarkastisch: *„Das
ist das letzte Resultat von dreitausend Jahren Einzelehe."* Und
an anderer Stelle des *‚Ursprung'* spottete er, die frühgeschichtlichen Väter in Morgans ‚Paarungsehe' seien *„wahrscheinlich
besser beglaubigt"* gewesen *„als gar manche ‚Väter' heutzutage"* (MEW 21, S.59 und 70).

Monogamie und Prostitution

*„Wir haben demnach drei Hauptformen der Ehe, die im ganzen und
großen den drei Hauptstadien der menschlichen Entwicklung entsprechen"*,

faßte Engels im *‚Ursprung'* die von Morgan und ihm vermutete historische Entwicklung dieser Institution zusammen:

*„Für die Wildheit die Gruppenehe, für die Barbarei die Paarungsehe,
für die Zivilisation die Monogamie, ergänzt durch Ehebruch und
Prostitution"* (MEW 21, S.76).

„In der modernen Welt sind Monogamie und Prostitution zwar Gegensätze, aber **untrennbare Gegensätze,** *Pole desselben Gesellschaftszustandes"*, fügte er hinzu und zitierte in diesem Zusammenhang das sarkastische Bonmot des utopischen Sozialisten Charles Fourier:

„Wie in der Grammatik zwei Verneinungen eine Bejahung ausmachen, so gelten in der Heiratsmoral zwei Prostitutionen für eine Tugend" (MEW 21, S.73 und 77; Hervorh. im Original). ((135))

‚Bourgeoisie' und ‚Proletariat' in der bürgerlichen Ehe

Blicke man hinter die gesittete Fassade, so beruhe das bürgerliche Eheidyll also letztlich auf *„protestantischer Heuchelei"*, wandte Engels sich nunmehr konkret der zeitgenössischen Ehe des 19. Jahrhunderts zu, auch wenn der Ehebund *„auf dem Papier, in der moralischen Theorie (...) auf gegenseitiger Geschlechtsliebe und wirklich freier Übereinkunft der Gatten beruht"* und tatsächlich auch *„ein gewisser Grad von Liebe der Eheschließung zugrunde liegen kann und auch anstandshalber stets vorausgesetzt wird"* (MEW 21, S.72 und 82).

In ihrem ökonomischen Kern sei die *„moderne Einzelfamilie"* jedoch *„gegründet auf die offne oder verhüllte Haussklaverei der Frau"*, die sich in ihr oft genug

„von der gewöhnlichen Kurtisane nur dadurch unterscheidet, daß sie ihren Leib nicht als Lohnarbeiterin zur Stückarbeit vermietet, sondern ihn ein für allemal in die Sklaverei verkauft" (MEW 21, S.75 und 73).

Da sie oftmals *„von der öffentlichen Produktion ausgeschlossen bleibt und nichts erwerben kann"*, werde sie zur *„ersten Dienstbotin"* ihres Mannes, der als überwiegender *„Ernährer der Familie"* ganz von selbst

„eine Herrscherstellung erlangt, die keiner juristischen Extrabevorrechtung bedarf. Er ist in der Familie der Bourgeois, die Frau repräsentiert das Proletariat"

- so Engels' gewichtiger und oft zitierter Kernsatz zu diesem Thema (MEW 21, S.75). ((136)) Selbst *„im Durchschnitt der besten Fälle"* bringe es der bürgerliche Lebensbund aber höchstens

„zur ehelichen Gemeinschaft einer bleiernen Langeweile, die man mit dem Namen Familienglück bezeichnet" (MEW 21, S.73).

Und agitatorisch nun erst einmal richtig in Fahrt, lieferte der Mitbegründer des Marxismus auch gleich noch eine launige Beschreibung der mit den diversen Spielarten des ehelichen Fremdgangs oder Einerlei verbundenen Fallstricke und Ver-wicklungen im Spiegel des deutschen und des französischen Romans. *„In jedem von beiden ‚kriegt er sie'"*, so spottete er in seiner ironischen Abrechnung mit dem bürgerlichen Eheidyll:

„Im deutschen (Roman) der junge Mann das Mädchen, im französi-schen der Ehemann die Hörner. Welcher von beiden sich dabei schlechter steht, ist nicht immer ausgemacht" (MEW 21, S.73).

Denn dass in der Realität nicht jede bürgerliche Ehe tatsächlich nach dem patriarchalischen Muster verlaufe, wisse

„niemand besser als der deutsche Philister, der seine Herrschaft im Hause nicht besser zu wahren weiß als im Staat, und dessen Frau daher mit vollem Recht die Hosen trägt, deren er nicht wert ist. Dafür dünkt er sich aber auch weit erhaben über seinen französischen Lei-densgenossen, dem (...) weit Schlimmeres passiert" (MEW 21, S.70).

Sozialistische Zukunftsehe und Befreiung der Frau

Nach diesem eher humoristischen Ausflug ins satirische Metier wandte Engels sich am Schluß seines Familienkapitels wieder mit dem gebotenen ideologischen Ernst seiner sozialistischen Zukunftsprogrammatik zu. Erst die proletarische und die zu-künftige sozialistische Ehe werde, so prognostizierte er in sei-nem perspektivischen Gesellschaftsentwurf, der wirklichen

Geschlechtsliebe und der *„Liebesehe"* zwischen zwei Einzelmenschen, die *„ihrer Natur nach ausschließlich"* sei, befreit von materiellen Erwägungen und doppelbödiger Moral zum Durchbruch verhelfen können

- *„ob dies Verhältnis nun ein offiziell konzessioniertes oder nicht"* (MEW 21, S.73 und 82). ((137))

Und erst eine solche, von der Bürde der Eigentumsfragen und der Last der *„Vererbungssorge"* befreite *wirkliche* Monogamie werde auch die Befreiung der Frau aus ihrer unterdrückten familiären und gesellschaftlichen Position ermöglichen. Denn *„mit dem Übergang der Produktionsmittel in Gemeineigentum"* verwandle sich auch

„die Privathaushaltung in eine gesellschaftliche Industrie", und *„die Pflege und Erziehung der Kinder wird öffentliche Angelegenheit"* - und zwar *„für alle Kinder gleichmäßig, seien sie eheliche oder uneheliche"* (MEW 21, S.77).

Dies aber werde zusammen mit der Einbindung der Frau in die Berufsarbeit ihre ökonomische Position und Unabhängigkeit stärken und ganz von selbst auch zu einem freieren und gleichberechtigteren Umgang der Geschlechter miteinander führen.

„Die volle Freiheit der Eheschließung kann also erst dann allgemein durchgeführt werden", so Engels zusammenfassend

„wenn die Beseitigung der kapitalistischen Produktion und der durch sie geschaffnen Eigentumsverhältnisse alle die ökonomischen Nebenrücksichten entfernt hat, die jetzt noch einen so mächtigen Einfluß auf die Gattenwahl ausüben. Dann bleibt eben kein andres Motiv mehr als die gegenseitige Zuneigung" (MEW 21, S.82). ((138))

Wie eine solche zukünftige Partnerschaft und Ehe im Sozialismus aber konkret aussehen werde, darüber wollte der Mitbegründer des Marxismus im *‚Ursprung'* bewußt nicht weiter spekulieren. Dies würden zukünftige Generationen vielmehr nach ihren eigenen Bedürfnissen entscheiden, *„wenn ein neues*

Geschlecht herangewachsen sein wird", das nicht von der Praxis und den Erfahrungen sexueller Prostitution und Unterwer-
fung geprägt und deformiert worden sei (MEW 21, S.83).
((139))

*„Wenn diese Leute da sind, werden sie sich den Teufel darum sche-
ren, was man heute glaubt, daß sie tun sollten; sie werden sich ihre
eigne Praxis und ihre danach abgemeßne öffentliche Meinung über
die Praxis jedes Einzelnen selbst machen – Punktum"*

- so Engels' bewußt vage gehaltenes und zukunftsoffenes Fazit
(MEW 21, S.83). ((140))

Autobiographische Wurzeln und Motive?

Die Geschichten, die Engels im *,Ursprung'* und Morgan in
seiner *,Ancient Society'* über die historische Entwicklung der
Familie und besonders ihren zeitgenössischen Entwicklungs-
stand erzählten, unterschieden sich im Grunde also ganz erheb-
lich, sobald es um die konkreten Details und Bewertungen
jenseits der reinen Stichwörter ging. Die Ausführlichkeit, in der
Engels im Gegensatz zu dem diesbezüglich eher im Rahmen
des Konventionellen verbleibenden Morgan auf die Fragen der
Gegenwart und Zukunft von Ehe und Familie _einging, hing
sicherlich damit zusammen, dass es sich dabei um ein seinerzeit in der Arbeiterbewegung ,topaktuelles' und vieldiskutier-
tes Thema handelte, wie ja bereits der gewaltige Erfolg von
August Bebels 1879 erschienenem Buch *,Die Frau und der
Sozialismus'* (vgl. Kapitel 2) gezeigt hatte. ((141)) Besonders
die Frage der Emanzipation der Frau im 19. Jahrhundert mußte
deshalb auch in Engels' Darstellung im *,Ursprung'* naturgemäß eine sehr viel größere Rolle spielen als bei Morgan, der
die bürgerliche Ehe im Grunde ja bereits als die Idealform der
modernen Geschlechtspartnerschaft ansah, auch wenn er in
seiner *,Ancient Society'* zumindest bekenntnishaft die Hoffnung auf eine *„weitere Verbesserung der Stellung der Frau"*
zum Ausdruck brachte. Die moderne Familie sei *„bestimmt,
noch weiter vorzuschreiten"*, so schrieb er dort,

*„bis die Gleichheit beider Geschlechter anerkannt und die volle Ge-
genseitigkeit der ehelichen Rechte und Pflichten durchgeführt sein
wird."* ((142))

Aufschlußreicherweise zitierte Engels im ‚*Ursprung*' gerade
diese Passage Morgans zur zeitgenössischen Ehe mit uneinge-
schränkter Zustimmung (MEW 21, S.84), während er die un-
terschwelligen anderen Differenzen gegenüber dem amerikanischen Forscher nicht thematisierte oder auch nur für den Leser
erkennbar machte.

Fast von selbst stellt sich daher die Frage, ob für diese
grundlegenden Differenzen oder doch zumindest sehr unterschiedlichen Akzentsetzungen und Nuancierungen neben der
unterschiedlichen politischen Agenda der beiden Männer nicht
auch ganz persönliche Ursachen und Motive ausschlaggebend
gewesen sein könnten. Für eine schlüssige Antwort auf diese
Frage müssen wir nochmals einen kurzen Blick auf Morgans'
und Engels' Biographie und Leben werfen, denn es spricht in
der Tat einiges dafür, dass sich in ihren unterschiedlichen Dar-
stellungsweisen und Bewertungen nicht zuletzt auch markant
unterschiedliche Lebenserfahrungen und –auffassungen spie-
gelten.

Lewis H. Morgan und Friedrich Engels
über die Stellung der Frau in der Gesellschaft

*„Wir können in den vorhandenen Zeugnissen die Entwicklung der
monogamischen Familie durch nahezu dreitausend Jahre verfolgen,
während deren, wie man wohl behaupten kann, eine allmähliche,
aber beständige Verbesserung ihres Wesens stattgefunden hat. Sie
ist bestimmt, noch weiter vorzuschreiten, bis die Gleichheit beider
Geschlechter anerkannt und die volle Gegenseitigkeit der ehelichen
Rechte und Pflichten durchgeführt sein wird."*
Lewis H. Morgan, *Die Urgesellschaft*. Stuttgart 1891, S.328

„Die moderne Familie ist unstreitig vollkommener als die der Griechen und Römer, weil die Frau bedeutend in ihrer gesellschaftlichen Stellung gewonnen hat. Während sie früher ihrem Gatten gegenüber einer Tochter gleichgestellt war, wie bei den Griechen und Römern, ist sie jetzt der Gleichheit mit ihm an Würde und anerkannten persönlichen Rechten näher gekommen."
Lewis H. Morgan, *Die Urgesellschaft*. Stuttgart 1891, S.328

„Die Dame der Zivilisation, von Scheinhuldigungen umgeben und aller wirklichen Arbeit entfremdet, hat eine unendlich niedrigere gesellschaftliche Stellung als das hart arbeitende Weib der Barbarei, das in seinem Volk für eine wirkliche Dame (lady, frowa, Frau = Herrin) galt und auch eine solche ihrem Charakter nach war."
Friedrich Engels, *‚Ursprung'*. MEW 21, S.54

„Es ist eine der absurdesten, aus der Aufklärung des 18. Jahrhunderts überkommenen Vorstellungen, das Weib sei im Anfang der Gesellschaft Sklavin des Mannes gewesen. Das Weib hat bei allen Wilden und allen Barbaren der Unter- und Mittelstufe, teilweise noch der Oberstufe, eine nicht nur freie, sondern hochgeachtete Stellung."
Friedrich Engels, *‚Ursprung'*. MEW 21, S.53

*„Der Umsturz des Mutterrechts war die **weltgeschichtliche Niederlage des weiblichen Geschlechts.** Der Mann ergriff das Steuer auch im Hause, die Frau wurde entwürdigt, geknechtet, Sklavin seiner Lust und bloßes Werkzeug der Kindererzeugung. Diese erniedrigte Stellung der Frau, wie sie namentlich bei den Griechen (...) offen hervortritt, ist allmählich beschönigt und verheuchelt, auch stellenweise in mildere Form gekleidet worden; beseitigt ist sie keineswegs."*
Friedrich Engels, *‚Ursprung'*. MEW 21, S.61

„Herrschaft des Mannes in der Familie und Erzeugung von Kindern, die nur die seinigen sein konnten und die zu Erben seines Reichtums bestimmt waren – das allein waren die von den Griechen unumwunden ausgesprochenen ausschließlichen Zwecke der Einzelehe. (...) So tritt die Einzelehe keineswegs ein in die Geschichte als die Versöhnung von Mann und Weib, noch viel weniger als ihre höchste Form. Im Gegenteil. Sie tritt ein als Unterjochung des einen Geschlechts durch das andre, als Proklamation eines bisher in der ganzen Vorgeschichte unbekannten Widerstreits der Geschlechter.
Friedrich Engels, *‚Ursprung'*. MEW 21, S.68

6 Friedrich Engels und die Frauen – ein biographischer Exkurs

Lewis H. Morgan führte – ebenso wie Friedrich Engels' Freund Karl Marx – eine gutbürgerliche, konventionelle Ehe und war Vater dreier Kinder, von denen die beiden Töchter 1862 noch jung starben. Der amerikanische Forscher hielt sich – soweit bekannt – auch in seinem eigenen Privatleben strikt an den Grundsatz *„vollständiger ehelicher Treue"* unter *„völliger Ausschließung des außerehelichen geschlechtlichen Verkehrs"*, den er in seinen Werken so nachdrücklich und überzeugt als Grundlage der modernen Ehe und als Gipfelpunkt der Moral hervorhob. ((143)) Dies dürfte ihm umso leichter gefallen sein, da er vom Naturell her anscheinend ein hingebungsvoller und ernster Mann der Wissenschaft war, der weitestgehende Erfüllung in seinen anthropologischen Forschungen und Studien fand.

Friedrich Engels hingegen verbrachte sein Leben unverheiratet und ohne eigene Kinder. 1851 übernahm er zwar inoffiziell die Vaterschaft von Henry Frederick Demuth, dem unehelichen Sohn von Marx' Haushälterin Helena Demuth. Nach Engels' eigenem Zeugnis und übereinstimmender Auffassung der heutigen Forschung entstammte dieser Sohn jedoch in Wahrheit einem Seitensprung Marxens mit seiner damals dreißigjährigen Hausangestellten (vgl. Info am Kapitelende).

Marx' Ehefrau Jenny, die mit dem revolutionären Gatten insgesamt sieben Kinder hatte (von denen vier bereits jung starben), legte als geborene Adelstochter von Westphalen größten Wert auf einen makellosen Ruf, und die Ehe der beiden wäre bei Bekanntwerden der Affäre vermutlich am Ende gewesen. *„In Fragen der Ehre und Reinheit der Sitten war die edle Frau intransigent* [= kompromißlos]", erinnerte sich Stephan Born, ein früherer Bekannter und späterer Gegner von Marx und Engels aus dem Revolutionsjahr 1848:

„Die Zumutung, auf diesem Gebiet ein Zugeständnis zu machen, (...) hätte sie mit Entrüstung zurückgewiesen." ((144))

Marx versuchte den Seitensprung mit seiner Hausangestellten und die Vaterschaft des dabei gezeugten Sohnes deshalb wohl um jeden Preis zu vertuschen, und Engels scheint ihm in dieser mißlichen Lage aus der Patsche geholfen zu haben, indem er sich selbst unter der Hand als Fredericks Vater ausgab (vgl. die Info am Kapitelende). ((145)) Der uneheliche Freddy wurde unmittelbar nach der Geburt in eine Pflegefamilie gegeben, und Engels stellte die familienintern stets ‚Lenchen' genannte Helena Demuth, die ihm als langjährige Bedienstete der Marxens bestens bekannt war, nach dem Tod des Freundes 1883 als seine eigene Haushälterin in seinem Londoner Wohnsitz 122 Regent's Park Road ein. Dort war sie ihm eine wichtige Hilfe bei der Sichtung und Ordnung des schriftlichen Nachlasses ihres vormaligen Dienstherrn Karl Marx, was ihre enge Vertrautheit mit ihm und seiner Arbeit unterstreicht (vgl. Kap.2). ((146))

Lebenspartnerschaft statt Ehe

Engels selbst hingegen lebte anders als Marx und Morgan nicht in einer konventionellen Ehe und Familie, obgleich er dem anderen Geschlecht keineswegs distanziert gegenüberstand. Vielmehr pflegte er lebenslang ein ausgesprochen enges und vertrautes Verhältnis zu einer ganzen Reihe von Frauen, das seinen Niederschlag in einer eigenen kleinen Literaturgattung mit Titeln wie ‚*Fünf Frauen an Friedrich Engels' Seite'* oder ‚*General und die Frauen'* gefunden hat. ((147))

Schon als 18-Jähriger schmiedete er im Aufbegehren gegen die Eltern ein heimliches Bündnis mit seiner Schwester, und als junger Angestellter im Firmenkontor seines Vaters eilte ihm der Ruf eines ‚Womanizers' - wie man heute sagen würde - voraus. Auch im reiferen Lebensalter war Engels stets von starken und offenkundig auch lebenslustigen Frauen umgeben und pflegte weiterhin mit offenkundigem Vergnügen den Habitus einer heimlichen ‚Komplizenschaft' mit dem anderen Geschlecht, der ihm anscheinend sehr wichtig war.

Nach einigen wilden Jahren in Paris und Brüssel (1846-1850), in denen er „das Leben eines jungen revolutionären Bohemien" führte und „wahrscheinlich (…) Affären mit verschiedenen Frauen" hatte - so die Geschlechterforscherin Gisela Mettele – ((148)) lebte er seit 1850 in Manchester mit Mary Burns als Lebensgefährtin zusammen, einer irischen Baumwollarbeiterin, die er 1843 als Angestellter der väterlichen Firmenfiliale in Nordengland kennen und lieben gelernt hatte. Sie hatte ihm maßgeblich bei den Recherchen für seine wegweisende Sozialstudie ‚*Die Lage der arbeitenden Klasse in England*' (Leipzig 1845) geholfen, indem sie ihm sonst sicher verschlossen gebliebene Türen ins Arbeitermilieu der nordenglischen Industriestadt eröffnete. „Die beiden waren nie verheiratet, aber soweit aus den wenigen Quellen rekonstruierbar ist, führten sie eine loyale Beziehung", schreibt Mettele weiter – „es gibt keine Evidenz, dass Engels nach 1850 Affären mit anderen Frauen gehabt hätte." ((149)) Es war aus heutiger Sicht eine stabile und in keiner Weise anrüchige nichteheliche Lebensgemeinschaft, die aber damals noch aus dem Rahmen des Üblichen fiel und deshalb nach den Maßstäben der Zeit als ‚unschicklich' galt, zumal zeitweise auch noch Marys Burns' jüngere Schwester Lydia (= Lizzie) mit dem unverheirateten Paar zusammenlebte und -wohnte.

Mit ihr (Lizzie Burns) liierte sich Engels nach Marys frühem Tod im Januar 1863 und lebte nach seinem Ausscheiden aus der väterlichen Firma und dem Umzug nach London ab Oktober 1870 auch ‚offiziell' mit ihr in seinem neuen, in Parteikreisen bald berühmten Wohnsitz 122 Regent's Park Road zusammen. Als im September 1878 auch Lizzie Burns erst knapp über fünfzigjährig starb, ließ der überzeugte Atheist Engels sich am Tag vor ihrem Tod von einem Priester mit ihr trauen, um ihrem Wunsch als gläubige Katholikin nachzukommen. ((150))

Zu der langjährigen Wohn- und Lebensgemeinschaft mit Lizzie Burns in London kam eine Zeitlang als Mitbewohnerin noch ihre heranwachsende Nichte Mary Ellen (genannt ‚Pumps'). Wie ungezwungen es damals in Engels' und Burns' Haus mitunter zuging, hat Marx' jüngste Tochter Eleanor (genannt ‚Tussy') im Sommer 1869 begeistert in einem Brief beschrieben, als sie als 14-Jährige fünf Monate lang dort zu Besuch war:

„Am Samstag war es so heiß, dass wir, das heißt Tantchen [Lizzie Burns, MK], *ich und Sarah* [das Hausmädchen, MK] *uns den ganzen Tag auf den Fußboden legten und Bier, Weißwein usw. tranken. Engels, der arme Kerl, war bei einem Picknick, wo ungefähr dreißig Personen waren, darunter eine Menge Zeitschriftendamen (...), und die unglücklichen ‚Herren der Schöpfung‘ mußten den ganzen Tag diesen ‚niedrigerstehenden Geschöpfen‘ den Tribut der Aufmerksamkeit zollen. Als Onkel* [= Engels, MK] *nach Hause kam, fand er Tantchen, Ellen* [Burns' Nichte] *und mich alle der Länge nach auf dem Fußboden liegen, ohne Korsett, ohne Schuhe, mit nur einem einzigen Unterrock und einem Baumwollkleid an, und Ellen erzählte uns irische Geschichten."*

Abends habe man sich dann noch Tee gekocht und bis in die Nacht hinein über Irland und das Leben auf der grünen Insel gesprochen (vgl. Teilband 2). ((151))

Kompliziertes Doppelleben

Engels' und Burns' für die damaligen Verhältnisse durchaus noch unkonventionelle Partnerschaft war also allem Anschein nach eine auf Zuneigung und gegenseitigen Respekt gegründete und in jeder Hinsicht solide nichteheliche Lebensgemeinschaft, die sich zeitweise in eine ausgesprochen lebenslustige und emanzipierte ‚Weiberkommune‘ verwandelt zu haben scheint, in der Engels nur allzu gern und offenbar mit großem Vergnügen den ‚Hahn im Korb‘ spielte. „Er liebte dieses leicht anrüchige, bohèmienhafte, weiblich dominierte Ambiente", wie sein aktueller Biograph Tristram Hunt schreibt, „und er fühlte sich in Gesellschaft der Marx-Töchter besonders wohl." ((152))
    Nichtsdestrotz galt die nicht offiziell legitimierte Lebensgemeinschaft in damaliger Zeit und namentlich in Engels' Kreisen zumindest als anrüchig, wenn nicht sogar skandalträchtig, und sorgte offenbar für Stirnrunzeln und Getuschel sowohl bei seinen bürgerlichen Geschäftspartnern als auch bei seinen sozialistischen Parteigenossen. Dies umso mehr, da er die Burns-Schwestern ja während seiner Tätigkeit im väterlichen Textilunternehmen in Manchester kennengelernt hatte und ein erhebliches soziales Gefälle, wenn nicht zeitweise so-

96

gar ein Abhängigkeitsverhältnis zwischen dem wohlhabenden und gebildeten Engels und den aus ärmlichen Verhältnissen stammenden und nur mit Mühe lesekundigen Burns-Schwestern bestand. *„Es versteht sich übrigens"*, hatte Engels 1845 selbst in seiner düsteren Sozialstudie *‚Die Lage der arbeitenden Klasse in England'* geschrieben,

„dass die Fabrikdienstbarkeit wie jede andre (...) dem Brotherrn das jus primae noctis [= Recht der ersten Nacht, MK] *erteilt. Der Fabrikant ist auch in dieser Beziehung Herr über den Leib und die Reize seiner Arbeiterinnen. (...) Ist der Fabrikant gemein genug, (...) so ist seine Fabrik zugleich sein Harem"* (MEW 2, S.373). ((153))

Auch wenn Engels' eigene Lebenspartnerschaft mit Mary und später mit Lydia Burns, die in der irischen Unabhängigkeitsbewegung aktiv und nach allen Beschreibungen ausgesprochen selbstbewußte und willensstarke Frauen waren, mit Sicherheit von gänzlich anderer Art war, sah er sich angesichts dieser Umstände und Rahmenbedingungen offenkundig doch dazu veranlaßt, sein eigenes Privatleben und das seiner Gefährtinnen möglichst weitgehend dem Blick der Öffentlichkeit zu entziehen - mit der Folge, dass nicht allzu viele und zum Teil auch nur widersprüchliche Details darüber bekannt sind.

Versteckspiel in der *‚Wohnungsfrage'*

Um der sozialen Kontrolle zu entgehen, mietete Engels für die Burns-Schwestern in Manchester neben seiner offiziellen Dienst- und ‚Empfangswohnung' eine davon getrennte Privat- und ‚Familienwohnung' an, in der er sich während seiner freien Zeit auch zumeist selbst aufhielt. Ganz offensichtlich wollte er vermeiden, dass seine Lebensgemeinschaft mit Mary und später mit Lydia Burns dem Blick durch die von ihm im *‚Ursprung'* so abfällig beschriebene *„Bordellbrille"* (MEW 21, S.43) anheim fiel und am Maßstab jener scheinheiligen und bigotten Doppelmoral gemessen wurde, die er von Kindesbeinen an im Wuppertaler Fabrikantenmilieu kennen und hassen gelernt hatte.

„Wir philiströsen Wuppertaler, für uns war Düsseldorf immer ein Klein-Paris, wo sich die frommen Herren von Barmen und Elberfeld ihre Mätressen hielten, ins Theater gingen, sich königlich amüsierten“,

schrieb er im Juni 1872 ebenso bissig wie verächtlich an einen Parteifreund über diese Jugenderinnerungen:

„Aber wo man seine reaktionäre Familie sitzen hat, ist's immer bleierner Himmel“ (MEW 33, S.485).

Wohl nicht zuletzt vor dem Hintergrund dieser persönlichen Prägungen und Erfahrungen stellte Engels die nur scheinbar so sittsam-fromme und hinter der prüden Fassade nicht selten ausgesprochen bigotte bürgerliche Doppelmoral im ‚*Ursprung*‘ so wortgewaltig und zornig an den Pranger und versuchte sich in seinem eigenen Leben so gut wie möglich vor ihr abzuschirmen.

Vorkämpfer gegen Spießermoral

Als Fazit läßt sich vielleicht sagen, dass Friedrich Engels offenkundig lebenslang ein besonderes, ‚komplizenhaftes‘ Verhältnis zu einer ganzen Reihe von Frauen pflegte, das sich nicht zuletzt auch in seiner Korrespondenz deutlich wiederspiegelt, und dass dieses für die damalige Zeit unkonventionelle Verhältnis zum anderen Geschlecht offenbar für Stirnrunzeln und Getuschel in seiner bürgerlichen wie auch seiner sozialistischen Umgebung sorgte.

Als Verfechter einer freien, liberalen Sexual- und Beziehungsmoral lange vor der Zeit und als Advokat nicht offiziell *„konzessionierter“* (MEW 21, S.73), aber doch solider und vertrauensvoller Partnerschaften Jahrzehnte vor der gesellschaftlichen Akzeptanz solcher nichtehelicher Lebens- und Beziehungsformen versuchte er mit den sich daraus ergebenden Problemen so pragmatisch und gut wie möglich klarzukommen, ohne sich andererseits im Widerspruch zu seinen Neigungen und Überzeugungen den starren Moralvorstellungen und dem puritanischen Geist der viktorianischen Zeit zu unterwerfen. In dieser Hinsicht war Engels seiner Epoche zweifellos ein ganzes Stück weit voraus, und die Vehemenz und emotionale Heftigkeit, mit der er im ‚Ursprung' anders als der diesbezüglich eher im Rahmen des Schicklichen verbleibende Morgan gegen die zeitgenössische Spießerehe und ihre bigotte Doppelmoral zu Felde zog, hatte ihre Wurzeln ganz sicher auch in seiner persönlichen Biographie und sozialen Prägung. Neben ihrem primär politischen Grundmotiv und Impetus war sie daher ganz sicher auch eine zornige Abrechnung mit seiner eigenen Herkunft und mit dem großbürgerlichen, „philiströsen" Milieu, dem er entstammte, und trug insofern nicht zuletzt auch autobiographische Züge.

Die Affäre um Frederick Demuth - ein viktoria-nisch-sozialistischer Krimi

Die Affäre um den Vater von Frederick Demuth ist bis heute ein Stückweit geheimnisumwittert geblieben – nicht zuletzt auch deshalb, weil Marx' Töchter und Engels wichtige Briefe dazu vernichtet zu haben scheinen und weil der sowjetische Staatschef Josef Stalin in den 1930er Jahren alle in seiner Reichweite befindlichen Dokumente zu dieser Angelegenheit beiseite schaffen und im parteiinternen ‚Giftschrank' verschwinden ließ. Durch verschiedene Quellen ist jedoch übereinstimmend belegt, dass Karl Marx der leibliche Vater des Sohnes seiner Haushälterin Helena Demuth war, der ihm *„lächerlich ähnlich sah"*, wie Engels' letzte Sekretärin und Vertraute (ab 1890) Louise Freyberger-Kausky 1898 in einem Brief an August Bebel schrieb.

„Daß Freddy Demuth Marx' Sohn ist, weiß ich von General [= Engels, MK] *selbst"*, berichtete Freyberger-Kausky dem sozialdemokratischen Parteiführer in ihrem Schreiben vom 2. September 1898 weiter:

„Tussy [= Marx' jüngste Tochter Eleanor, MK] *hat mir so zugesetzt, daß ich den Alten direkt fragte. General war sehr erstaunt, daß Tussy so hartnäckig an ihrem Glauben* [Engels selbst sei der Vater, MK] *festhielt, und gab mir damals schon das Recht, (…) dem Geklatsche, daß er seinen Sohn verleugnet, entgegenzutreten."* - *„Sonntag, also den Tag vor seinem Tode, hat es General* [= der an Kehlkopfkrebs erkrankte und bereits sprachunfähige Engels, MK] *der Tussy selbst auf die Schiefertafel geschrieben, und Tussy kam so erschüttert heraus, daß sie (…) an meinem Halse bitterlich weinte. General ermächtigte uns, (…]) nur dann von der Mitteilung Gebrauch zu machen, wenn er der Schäbigkeit gegen Freddy geziehen werden sollte; er sagte, er wolle seinen Namen nicht beschimpft haben, zudem wo es gar niemandem mehr nütze."*

Engels' *„Eintreten für Marx"* nach Fredericks Geburt im Jahr 1851 habe diesen *„vor einem schweren häuslichen Konflikt bewahrt"*, so Freyberger-Kausky in ihrem Schreiben an Bebel weiter, denn *„für Marx stand die Scheidung von seiner Frau, die furchtbar eifersüchtig war, immer vor seinen Augen"*. Sie (= Freyberger-Kausky) selbst habe *„den Marxschen Brief gesehen, den er damals* [1851 nach Frederick

Demuths Geburt, MK] *an General nach Manchester schrieb, (...) aber ich glaube, General* [= Engels, MK] *hat diesen Brief wie so viele andere Wechselbriefe vertilgt."* ((154))

Die Enthüllung über Marx' Seitensprung und seine Folgen machte in Parteikreisen rasch die Runde. „Allen sozialistischen Führern um 1900 war bekannt, daß Marx der Vater Frederick Demuths (...) war", schreibt der Historiker Werner Blumenberg dazu, der Freyberger-Kauskys lange Zeit unbekannten Brief bei Archivstudien in den 1950er Jahren wiederentdeckte. „Aber es durfte nicht darüber geredet werden, (...) weil die Tatsache jenen Führern selbst nach den bürgerlichen Moralbegriffen der Zeit als anstößig galt". ((155))

„Die Existenz eines Sohnes von Karl Marx und Helena Demuth erfuhr ich, und zwar als eine unbestreitbare Tatsache, von niemand anderem als von Karl Kautsky",

bekundete auch die bekannte deutsche Frauenrechtlerin und Kommunistin Clara Zetkin in einem Schreiben an den russischen Marx-Archivar David Borissowitsch Rjasanow. Kautsky habe ihr gegenüber indes hinzugefügt,

„die Freunde fänden es ratsam, die ganz unerwartete Entdeckung nicht publik werden zu lassen. Sie würde von den Gegnern ausgenutzt werden, um Marx mit Schmutz zu bewerfen."

„Den Spießerseelen brauchen wir keinen Stoff zu dem üblichen Geschrei von der sozialdemokratischen Vielweiberei zu geben", soll August Bebel in diesem Zusammenhang geäußert haben. ((156))

Dass Karl Marx der Vater Frederick Demuths war, steht daher heute wohl außer Frage, doch bleibt weiterhin unklar, ob und wieviel Marx' Ehefrau Jenny vom Seitensprung ihres Mannes und dem darauffolgenden Vertuschungsmanöver wußte und mit welchen Empfindungen Engels in dem fragwürdigen ,Gentlemen's Agreement' zum Schein Freddies Vaterschaft übernahm. Sein späteres Verhalten läßt indes vermuten, dass sich seine Begeisterung in Grenzen hielt und dass er auf Marx' dringliche Bitten hin nur widerwillig in das Arrangement einwilligte, um Schaden von dessen Ehe und damit letztlich auch vom Ruf der sozialistischen Bewegung abzuwenden. Engels scheint sich seiner vorgetäuschten Vaterschaft aber später geschämt und innerlich von ihr distanziert zu haben, denn in späteren Briefen gab er Freddy als von Helena Demuth nur zur Pflege übernommenen Sohn einer anderen Mutter aus. ((157))

Anscheinend war Marx' gleichfalls in der sozialistischen Bewegung aktive Tochter Eleanor die Einzige, die sich nach ihrem Schock über Engels' Enthüllung auf dem Sterbebett ernsthaft für das Schicksal ihres Halbbruders interessierte. Sie freundete sich vor ihrem Freitod im Jahr 1898 gezielt mit Freddy an, der sich offenbar selbst als vater-los ansah, und begann einen intensiven Briefwechsel mit ihm. Zu einer wirklich ‚gescheiterten Existenz' wurde der verleugnete Marx-Sohn trotz der schäbigen Behandlung, die ihm widerfuhr, übrigens offenbar nicht. Er absolvierte eine (vermutlich stillschweigend von Engels finanzierte) Ausbildung zum Schlosser und Dreher, wurde Mitglied in der Metallarbeitergewerkschaft und in der britischen Labour-Partei, und Zeitgenossen beschrieben ihn als eine in jeder Hinsicht respektable Erscheinung. Nach Marx' Tod im Jahr 1883 konnte er regelmäßig auch seine Mutter Helena Demuth besuchen, die nun als Haushälterin bei Engels angestellt war, und konnte dabei tagsüber auch in dessen Haus verweilen. Der sonst so gesellige En-gels achtete bei diesen Besuchen aber offenbar sorgsam darauf, nicht selbst anwesend zu sein, weil ihm eine direkte Begegnung mit seinem vorgeblichen Sohn, der von alldem anscheinend nichts wuß-te, wohl peinlich gewesen wäre. ((158))

Ganz gewiß war der Umstand, dass der Sozialist und Gewerkschafter Frederick Demuth bei seiner sicher obligatorischen Lektüre der Schriften von Marx und Engels nicht ahnte, dass er dabei Werke seines leiblichen und seines vorgeblichen Vaters in Händen hielt, kein Ruhmesblatt für den sonst so offenherzigen und großzügigen Verfasser des ‚Ursprung' – vor allem aber nicht nicht für seinen Freund und tatsächlichen Kindsvater Karl Marx, der seinen außer-ehelichen Sohn verleugte und nach der Geburt wie ein unerwünsch-tes Objekt abschob, um einer prüden „Philistermoral" zu genügen, für die er in seinen Schriften sonst nur Hohn und Spott übrig hatte.

7 Verdienste und Irrtümer des *Ursprung* aus heutiger Sicht

Überblickt man die beschriebenen Sachverhalte und Hintergründe in ihrer Gesamtheit, so wird deutlich, dass Morgan und Engels trotz aller Gemeinsamkeiten ein- und denselben Sachverhalt im Detail durchaus unterschiedlich beurteilten und in einen differierenden Kontext stellten, so dass sie im Endeffekt ein- und dieselbe Geschichte mit deutlich unterschiedlicher ‚Moral' erzählten. Engels nahm im ‚*Ursprung*' also fraglos eine zwar subtile, aber dennoch sehr durchgreifende ‚Umfärbung' und Eigeninterpretation von Morgans' Werk vor, die er nirgends in seiner Schrift klar benannte oder gar diskutierte – vielleicht, da sie ihm selbst gar nicht in vollem Umfang bewußt war.

Wie vor ihm schon Karl Marx war er von Morgans ‚*Ancient Society*' zutiefst fasziniert, weil sie ihm analytisch und methodisch neue Türen öffnete und neue Forschungsansätze lieferte. Er ließ sich daher grundlegend von dem Werk inspirieren und übernahm Morgans kulturhistorisches Einteilungsschema und seine Terminologie im ‚*Ursprung*' fast unverändert - nicht jedoch alle seine Einzelanalysen und erst recht nicht sämtliche Schlußfolgerungen und Werturteile des amerikanischen Forschers. Vielmehr benutzte er Morgans anthropologische Studie als eine Art Materialsammlung und analytisches Gerüst, das er mit zum Teil durchaus eigenen und von Morgans Buch abweichenden Schlußfolgerungen und Ideen ausfüllte.

Anlehnung und Eigeninterpretation

Engels betrat die ihm bis dahin nicht allzu vertraute Welt der Anthropologie also gewissermaßen mit Hilfe des Schlüssels, den Morgan ihm geliefert hatte, aber er inspizierte und erkundete die dabei neu entdeckten Räumlichkeiten und Landschaften bald auch mit eigenen Augen und aus durchaus sehr eigenem Blickwinkel. Seine Darstellung der Entwicklungsge-

schichte der Familie im ‚*Ursprung*‘ war daher zwar eng mit
Morgans Theoriegebäude verknüpft, aber doch nicht vollständig abhängig von ihm, was den eigentümlichen Charakter des
‚*Ursprung*‘ als einer Mischung aus Fremdem und Eigenem
ausmacht.

Die in der sozialistischen Arbeiterbewegung später so
einflußreiche Schrift wurde auf diese Weise weder zu einer
reinen Zusammenfassung und Wiedergabe von Morgans Buch,
als die Engels sie ursprünglich ja geplant hatte (vgl. Kapitel 2),
noch zu einem völlig selbständigen Werk, als das man sie später mitunter fälschlich beurteilte. Sie war vielmehr eine durchaus eigenständige Darstellung und Weiterentwicklung von
Morgans Gedanken, Hypothesen und Schlußfolgerungen, die
Engels durch die Ergebnisse seiner eigenen sowie von Marx‘
Analysen und Studien ergänzte und auch ein Stückweit ‚um-
färbte‘. Das Ergebnis war ein letztlich für sich selbst stehendes
marxistisches Theorie- und Agitationswerk, das sich zwar eng
an Morgans‘ Forschungen „*anschloß*“, wie es im Untertitel
von Engels‘ Schrift ja auch ausdrücklich hieß, ohne dessen
Auffassungen aber vollständig und ‚eins zu eins‘ zu übernehmen.

Wie nun beurteilt die heutige Forschung Morgans‘
Theoriegebäude, auf dem Engels im ‚*Ursprung*‘ aufbaute, und
als wie tragfähig können seine Hypothesen heute nach 140
Jahren noch gelten? Um diese Fragen zu beantworten, müssen
wir noch einmal auf Morgans wissenschaftsgeschichtliche Rolle und seine Bedeutung für die Herausbildung der modernen
Anthropologie zurückkommen.

Aktuelle Bewertungen Morgans‘

Morgan war einer der ersten, die in der zweiten Hälfte des 19.
Jahrhunderts systematisch und in eigener ethnographischer
Forschungsarbeit die Sozialstruktur noch existierender Urein-
wohnergruppen - in seinem Fall der nordamerikanischen Indianer – untersuchte und analysierte. Er hat sich nach den Worten
des Völkerkundlers Michael Oppitz „gerade wegen seines
Verwandtschafts-Opus den Rang eines Klassikers erworben“,

und gilt Burkhard Ganzer zufolge als der unangefochtene „Begründer der ethnologischen Erforschung von Verwandtschaftssystemen", ja nach dem Urteil seines Biographen Carl Resek sogar „der Anthropologie als Wissenschaftsdisziplin". ((159))

Durch seine im 19. Jahrhundert völlig neuartigen und wissenschaftlich wegweisenden Arbeitsmethoden hat er nach den Worten des Ethnologen Werner Petermann „die Forschung über Verwandtschaftsverhältnisse und –terminologien (…) sogleich auf ein hohes analytisches Niveau gehoben, indem er seinen Blick auch auf die Sozialstruktur richtete". „Das machte die *kinship studies*", so Petermann, „zu einem ethnologischen Schlüssel- und Dauerthema – mit der Konsequenz, dass von Morgans Annahmen letztlich kaum etwas übrig blieb." ((160))

Schon bald nach Morgans Tod konnte nämlich eine jüngere Generation amerikanischer Anthropologen um den deutschstämmigen Forscher Franz Boas, die mehr an empirisch belastbaren Einzelresultaten und Forschungsdaten interessiert war als an weitreichenden theoretischen Analysen und Modellen, dem Mitbegründer der amerikanischen Anthropologie eine ganze Reihe sachlicher Ungenauigkeiten und Fehldeutungen im Detail nachweisen, die sein auf dieser Grundlage errichtetes Theoriegebäude ein Stück weit erschütterten. Sie bemängelten an „Morgans Spezialforschungen über die Sozialorganisation der amerikanischen Indianer" nach Ganzer beispielsweise, dass der Forschungspionier, nachdem er seine Kernhypothesen erst einmal entwickelt hatte,

„nur noch solche Fakten berücksichtigte, die sie stützten, andere aber überging oder mit Ad-hoc-Erklärungen abtat. Hiervon waren die Gruppen betroffen, die keine Gentilorganisation besaßen, (…) und die, in denen sich eine deutliche soziale Schichtung oder ein ausgeprägtes Besitzstreben entwickelt hatte."

Diese Tendenz zur selektiven Gewichtung von Fakten habe Morgan – so die Kritik seiner Nachfolger – nicht nur zu einer unangemessenen Verabsolutierung seines ‚Irokesenmodells' verleitet, sondern auch zu einer Verzerrung seines Bildes von den Naturvölkern insgesamt geführt. ((161))

Als Beispiel dafür ließe sich etwa der Umstand anführen, dass der amerikanische Anthropologe in seiner ‚*Ancient Society*‘ zwar fast ebenso viele Indianerstämme und -gruppen mit männlicher wie mit weiblicher Abstammungsfolge auflistete (14 von 30), diese aber kurzerhand zur „*Abweichung von der ursprünglichen Form*“ erklärte und nicht in seiner verallgemeinernden Theorie der matrilinearen Gens bei den amerikanischen Indianern berücksichtigte. Nur so konnte er zu der pauschalen und dieser heterogenen Faktenlage widersprechenden Aussage gelangen:

„*In der Epoche der Entdeckung Amerikas durch die Europäer waren die Indianerstämme **ganz allgemein** in Gentes organisiert, mit Abstammung in der Mutterfolge. Nur in einigen Stämmen, wie z. B. bei den Dakotas, waren die Gentes **verfallen**, und in einigen andern, wie bei den Ojibwas, den Omahas und den Mayas von Yukatan, war die Abstammung von der Mutter- auf die Vaterfolge **übergegangen**.*“ ((162))

Engels übernahm diese Formulierungen im ‚*Ursprung*‘ fast wörtlich, wenn er gestützt auf Morgan schrieb:

„*Zur Zeit der Entdeckung waren die Indianer von ganz Nordamerika in Gentes organisiert, nach Mutterrecht. Nur in einigen Stämmen, wie den der Dakotas, waren die Gentes verfallen, und in einigen andern, Ojibwas, Omahas, waren sie nach Vaterrecht organisiert*“ (MEW 21, S.89; vgl. ebd. S.86).

Irrige Verallgemeinerungen

In ganz ähnlicher Weise ist auch die Frage, inwieweit andere frühe Gesellschaften regelhaft oder zumindest überwiegend matrilinear strukturiert waren und ob die Frauen in ihnen tatsächlich immer eine so dominierende Rolle spielten wie von Morgan und Engels angenommen, bis heute in der Anthropologie ein hochumstrittenes, kontroverses Streitthema geblieben. Gerade bei einigen der nach Morgans und Engels‘ evolutionistischem Stufenmodell ‚urtümlichsten‘ Naturvölkern wie etwa den heute noch vorwiegend von der Jagd auf Meerestiere lebenden arktischen Eskimo (Inuit) ist dies nämlich keineswegs der Fall, ((163)) während die matrilinearen Strukturen und Abstammungslinien mancher neuzeitlicher Pflanzer- und Bauerngruppen ähnlich wie die zahlreichen ‚Venusfiguren‘ der altsteinzeitlichen Eiszeitkunst eher zur ‚matriarchalen‘ Hypothese zu passen scheinen.

Allerdings ist auch in solchen Fällen Matrilinearität nicht unbedingt mit einem umfassenden und vollständigen ‚Matriarchat‘ gleichzusetzen, wie der DDR-Ethnologe Bernd Arnold 1984 am Beispiel Afrikas gezeigt hat. Auf diesem Kontinent ist nach seinen Worten zwar

„das Vaterrecht in der Regel mit dem *Patriarchat*, der ‚Vaterherrschaft‘, verbunden; dagegen wird nur selten eine Verknüpfung des Mutterrechts mit dem *Matriarchat* im Sinne einer ‚Mutter- oder Frauenherrschaft‘ festgestellt. In Zentralafrika wirkten auch unter mutterrechtlichen Bedingungen häufig Männer als Oberhäupter der Verwandtschaftsgruppen und Familien wie auch der Gemeinwesen. Es bestand zumindest in der Übergangsphase ein Mißverhältnis zwischen der politischen Führung durch Männer und der matrilokalen Wohnfolge, die den Wegzug der Männer aus ihren ursprünglichen Familien beinhaltete.“ ((164))

Schließlich blieb auch die von Morgan postulierte und von Engels im ‚*Ursprung*‘ übernommene älteste Entwicklungsstufe der ‚Ur-Promiskuität‘, die Morgan selbst ja als nur hypothetisch erschlossen und noch zu verifizieren bezeichnete (vgl. Kapitel 5), bis heute ein rein theoretisches Postulat. Auf der ganzen Welt hat sich nämlich noch keine einzige empirisch eindeutig nachgewiesene völkerkundliche Gruppe gefunden, die auf der Basis eines völlig regellosen Geschlechtsverkehrs lebte, wie Morgan und Engels ihn annahmen.

Es würde zu weit führen, hier die gesamte aktuelle Diskussion über diese von Morgan und Engels seinerzeit mit großem Weitblick aufgeworfenen Fragen ausführlich nachzuzeichnen. ((165)) Zusammenfassend läßt sich aber wohl sagen, dass die Familien- und Verwandtschaftssysteme in der weltweiten Kulturgeschichte deutlich vielgestaltiger waren und sich vor allem sehr viel schwerer bestimmten sozialökonomischen

Grundformationen und Entwicklungsstufen zuordnen lassen, als Morgan und Engels dies vor 140 Jahren annahmen. ((166)) Sehr viel eher scheinen hier spezifische technologische Neuerungen wie beispielsweise die Erfindung des Pfluges und die durch ihn verursachten Veränderungen in der Produktions- und Lebensweise eine maßgebliche Rolle gespielt zu haben, auf die wir in den Teilbänden 2 und 3 dieser Studie noch genauer zurückkommen werden.

Korrekturen auch in der marxistischen Forschung

Die skizzierten Kritiken und Korrekturen wurden seit den 1970er Jahren auch von vielen marxistischen Fachwissenschaftlern vertreten und geteilt. So schrieb etwa der linke französische Anthropologe Emmanuel Terray 1974 in seiner ausführlichen Arbeit *Morgan und die zeitgenössische Anthropologie'*:

„Wir wissen, daß Morgans Informationen bezüglich vieler Fragen sich im Laufe der Zeit als lückenhaft oder falsch erwiesen haben. (…) Die Blutverwandtschaftsfamilie und die Gruppenehe gehören heute ins Museum der ethnologischen Irrtümer; weder die Geschichte noch die Ethnographie liefert uns die geringsten Anhaltspunkte für ihre Existenz. Die Institutionen und Bräuche, auf die Morgan seine Argumentation stützte, (…) können in der Tat ganz anders interpretiert werden. Auch Morgans Behauptungen über die ursprüngliche Promiskuität, die Priorität der matrilinearen Filiation und die patrilineare Filiation werden heute mit sehr viel Skepsis betrachtet. ((167))

Auch in der offiziellen Fachwissenschaft der UdSSR und der DDR äußerten viele namhafte Forscher seit etwa 1970 diese und ähnliche Kritikpunkte, wenn auch zumeist etwas vorsichtiger und verklausulierter formuliert. So schrieb beispielsweise der sowjetische Ethnologe Juri I. Semjonow 1984, „weder bei den Irokesen noch bei anderen Völkern" sei „die Gruppenehe nachzuweisen" und es habe „solche Familienformen in der Geschichte der Menschheit niemals gegeben". Und der Dresdner Völkerkundler Günter Guhr konstatierte 1980, Morgan habe seinerzeit „‚Gruppenfamilien‘ rekonstruiert, die in dieser Weise nicht existierten“, und „alle ethnologischen Prämissen für diese Retrospektive der Urfamilienstufen“ seien mittlerweile „als nicht gültig erkannt worden“. ((168))

Selbst der ‚Papst‘ der DDR-Altertumsforschung, Joachim Herrmann, konstatierte 1984 etwas gewunden, Morgans „evolutionistische Deutung der Verwandtschaftsrechnungen“ habe sich „nicht vollständig bestätigt“, so dass in der Konsequenz auch

„die durch Morgan erarbeiteten und von Engels wiedergegebenen Stufen der Familienentwicklung in hohem Grade hypothetisch“ seien. „Zur Zeit von Engels waren verwandtschaftliche Beziehungen der frühesten Epoche der Geschichte nur zum Teil bekannt.“

Und in einem offiziellen Hochschul-Lehrbuch der DDR aus dem Jahr 1981 hieß es kurz und bündig:

„Mit dem Fortschreiten der Forschung hat sich eine Anzahl von Morgan ausgewählter bzw. erschlossener Kriterien, besonders im Bereich der materiellen Kultur und der Familienorganisation, nicht halten lassen. Andere wurden präzisiert. Die Einordnung einiger Völker in bestimmte Entwicklungsstadien mußte korrigiert werden.“ ((169))

Bleibende Verdienste

Alle diese von den Anthropologen und Historikern heute nahezu einhellig vertretenen Kritikpunkte und Korrekturen mindern indes keineswegs die großen forschungsgeschichtlichen Leistungen und Verdienste Morgans und ihm folgend auch Engels‘. Diese liegen freilich weniger in ihren mittlerweile naturgemäß zum großen Teil überholten Einzelvermutungen und -hypothesen als vielmehr in ihrer seinerzeit völlig neuartigen analytisch-vergleichenden Betrachtungsweise und in ihrem weiten, epochenübergreifenden historischen Blickwinkel.

Zu einer Zeit, als die Einzelehe und die auf ihr basierende Kleinfamilie in der westlichen Geisteskultur zumeist noch als naturgegeben oder ‚gottgewollt‘ und deshalb als seit jeher bestehende, universelle Institutionen angesehen und idealisiert wurden, wiesen Morgan und Engels bereits mit erstaunlichem Weitblick auf die zahlreichen anders gearteten Partnerschaftsformen und Verwandtschaftssysteme in weiten Teilen der Welt hin, und erkannten auf dieser Grundlage richtig die Zeitgebundenheit und gesellschaftliche Determiniertheit dieser vermeintlich universellen und ‚ewigen' Institutionen. ((170)) Inmitten des viktorianischen Zeitalters, als in der christlichen Theologie immer noch vielfach das ‚Urpaar' Adam und Eva als Kronzeuge und Beleg für die seit jeher monogamen Wurzeln der gesamten Menschheit ins Feld geführt wurde, dokumentierten sie schon zahlreiche Beispiele nichteuropäischer Völker mit gänzlich anderen Sozial- und Partnerschaftsformen und eröffneten der Diskussion dadurch einen völlig neuartigen und zukunftsweisenden, wissenschaftlich-historischen statt religiös-ideologischen Blickwinkel und Forschungsansatz. ((171))

Dies war und ist ihr großes wissenschaftsgeschichtliches Verdienst, und in dieser progressiven und diskursfördernden Rolle und Wirkung liegt auch der bleibende Wert ihres evolutionären Verwandtschaftsmodells, auch wenn sich viele ihrer Einzelschlüsse und –hypothesen nicht zuletzt dank der neuen Wege, die sie der Forschung vor nunmehr 140 Jahren eröffneten, seither als überholt und korrekturbedürftig erwiesen haben. Morgans Bilanz scheine daher im Hinblick auf seine grundlegenden „Zielvorstellungen, Kategorien und die Methoden ihrer Realisierung (…) weitgehend positiv zu sein", resümmierte 1972 der bereits erwähnte französische Anthropologe Emmanuel Terray, und dieses Urteil darf man gewiß auch auf Engels' Ausführungen zur Geschichte der Familie im *Ursprung'* ausdehnen. ((172))

Ausblick

Wie aber steht es nun mit Morgans und Engels' weitergehendem kulturgeschichtlichem Entwicklungsmodell und mit den von ihnen definierten grundlegenden kulturellen und ökonomischen Entwicklungsstufen?

Unsere heutige Quellenbasis ermöglicht ein sehr viel klareres Urteil über diese Fragen als über die erloschenen Familien- und Verwandtschaftssysteme, denn im Gegensatz zu diesen lassen sich die Entwicklungswege der menschlichen Wirtschaftsweise und Kultur seit der ältesten Steinzeit und die Wegmarken der dabei zurückgelegten kulturellen Evolution heute nicht mehr nur anhand völkerkundlicher Vergleiche, sondern vor allem auf der Grundlage weltweiter archäologischer Ausgrabungs- und Forschungsergebnisse in ihren Grundzügen fast lückenlos überschauen und rekonstruieren. Wir wollen daher im folgenden Teilband dieser Studie das Spezialgebiet der Familien- und Verwandtschaftsanthropologie verlassen und uns auf das wesentlich ausgedehntere Feld der allgemeinen Kultur- und Wirtschaftsgeschichte in Engels' ‚*Ursprung*‘ und Morgans ‚*Ancient Society*‘ begeben, dessen Eckpunkte sich mit den für die beiden Schriften zentralen Stichworten ‚*Wildheit*‘, ‚*Barbarei*‘ und ‚*Zivilisation*‘ umreißen lassen.

Der zweite Teilband dieser Studie mit dem Titel

Friedrich Engels' Urgeschichte: Der ‚Ursprung‘ auf dem Prüfstand der modernen Archäologie

erscheint im Spätsommer 2021.

Anmerkungen und Zitatennachweis

((1)) Fußnote in Friedrich Engels' ,*Ludwig Feuerbach und der Ausgang der klassischen deutschen Philosophie*' (1886). Die „*persönliche Erläuterung"* lautet im Ganzen: „*Man hat neuerdings mehrfach auf meinen Anteil an dieser* [marxistischen] *Theorie hingewiesen, und so kann ich kaum umhin, hier die wenigen Worte zu sagen, wodurch dieser Punkt sich erledigt. Daß ich vor und während meinem vierzigjährigen Zusammenwirken mit Marx sowohl an der Begründung wie namentlich an der Ausarbeitung der Theorie einen gewissen selbständigen Anteil hatte, kann ich selbst nicht leugnen. Aber der größte Teil der leitenden Grundgedanken, besonders auf ökonomischem und geschichtlichem Gebiet, und speziell ihre schließliche scharfe Fassung gehört Marx. Was ich beigetragen, das konnte – allenfalls ein paar Spezialfächer ausgenommen – Marx auch wohl ohne mich fertigbringen. Was Marx geleistet, hätte ich nicht fertiggebracht. Marx stand höher, sah weiter, überblickte mehr und rascher als wir andern alle. Marx war ein Genie, wir andern höchstens Talente. Ohne ihn wäre die Theorie heute bei weitem nicht das, was sie ist. Sie trägt daher auch mit vollem Recht seinen Namen"* (MEW 21, Fußnote auf S.291/92).

((2)) Engels' Bemerkung in einem Brief vom 25. Oktober 1881 an Eduard Bernstein in Zürich lautet vollständig: „*Marx (ist) uns allen durch sein Genie, seine fast übertriebne wissenschaftliche Gewissenhaftigkeit und seine fabelhafte Gelehrsamkeit so weit überlegen, daß, wenn sich einer aufs Kritisieren* [seiner] *Entdeckungen verlegen wollte, er sich zunächst nur die Finger verbrennen kann. Dazu gehört eine fortgeschrittnere Epoche. (...) Ich begreife überhaupt nicht, wie man auf ein Genie neidisch sein kann; das ist so eine Sache so eigner Art, daß wir, die wir es nicht haben, von vornherein wissen, es ist für uns unerreichbar; so etwas aber beneiden zu können, dazu muß man doch arg kleinlich sein"* (MEW 35, S.230).

Ähnlich Engels' in einem Brief an Bernstein nach Marx' Tod am 14. März 1883: „*Was dieser Mann uns theoretisch und in allen entscheidenden Momenten auch praktisch wert war, davon kann man nur eine Vorstellung haben, wenn man fortwährend mit ihm zusammen war. Seine großen Gesichtspunkte werden mit ihm für Jahre lang von der Bühne verschwinden. Das sind Dinge, denen wir andre nicht gewachsen sind"* (MEW 35, S.456).

((3)) Das Zitat aus einem Brief von Friedrich Engels vom 15. Oktober 1884 an Johann Philipp Becker in Genf lautet im Ganzen: „*Das Pech ist vielmehr, daß ich, seit wir Marx verloren, ihn vertreten soll. Ich habe mein Leben lang das getan, wozu ich gemacht war, nämlich zweite Violine spielen, und glaube auch, meine Sache ganz passabel gemacht zu haben. Und ich war froh, so eine famose erste Violine zu haben wie Marx. Wenn ich nun aber plötzlich in Sachen der Theorie Marx vertreten und erste Violine spielen soll, so kann das nicht ohne Böcke abgehn, und niemand spürt das mehr als ich. (...) Den Überblick, mit dem er (...) stets das Richtige traf, und sofort auf den entscheidenden Punkt ausging, den hat keiner von uns. In ruhigen Zeiten kam es wohl vor, daß die Ereignisse mir, ihm gegenüber, dann und wann Recht gaben, aber in revolutionären Momenten war sein Urteil fast unfehlbar"* (MEW 36, S.218/19).

((4)) Der Mitherausgeber der ‚*Deutsch-Französischen Jahrbücher*', Arnold Ruge, erkannte Marx' ausufernde Gründlichkeit schon in den 1840er Jahren. *„Aldann ist er eine eigene Natur"*, schrieb Ruge damals über ihn, *„die ganz zum Gelehrten oder Schriftsteller geeignet, aber zum Journalisten vollständig verdorben ist. Er liest sehr viel; er arbeitet mit ungemeiner Intensität und hat ein kritisches Talent, (...) aber er vollendet nichts, er bricht überall ab und stürzt sich immer von neuem in ein endloses Büchermeer"*.

Marx' Schwiegersohn Paul Lafargue notierte später über dessen Arbeitsweise: *„Seine [= Marx'] Arbeitsmethode stellt ihm oft Aufgaben, deren Größe der Leser seiner Schriften sich kaum vorstellt. So hatte er, um die ungefähr zwanzig Seiten im ‚Kapital' über die englische Arbeitsschutzgesetzgebung zu schreiben, eine ganze Bibliothek von Blaubüchern durchgearbeitet"* (Beide Zitate aus: Fritz J. Raddatz, Karl Marx. Eine politische Biographie. Hamburg 1975, S.68 und 348).

((5)) Marx selbst schrieb über Engels, dieser sei *„ein wahres Universallexikon, (...) arbeitsfähig zu jeder Stunde des Tages und in der Nacht, voll oder nüchtern, quick im Schreiben und begriffen wie der Teufel"* (zit. n. Klaus Körner, Karl Marx und Friedrich Engels – eine außergewöhnliche Freundschaft. Hamburg 2009, S.158).

((6)) Werner Blumenberg, Karl Marx in Selbstzeugnissen und Bilddokumenten. Reinbek bei Hamburg 1962 (3. Aufl. 1979), S.64. Marx' Schwiegersohn Paul Lafargue schrieb über die unterschiedliche Arbeitsweise der beiden: *„Engels, der doch die Genauigkeit bis zum äußersten trieb, konnte dennoch manchmal über die Skrupulosität von Marx ungeduldig werden, der keinen Satz aufstellen wollte, den er nicht auf zehn verschiedene Arten beweisen konnte"* (Paul Lafargue in: Die Neue Zeit 1904/1905, S.556 ff.; zit. n. *Mohr und General. Erinnerungen an Marx und Engels.* Berlin 1964, S.434).

((7)) Vor allem Engels' frühe Biographen wurden nicht müde, seine anschauliche Sprache und ‚elegante Feder' in den höchsten Tönen und mitunter fast kitschigen Worten zu loben. Nach Franz Mehring schrieb Engels etwa *„leicht und licht, so durchsichtig und klar, dass man in dem Strom seiner bewegten Rede stets bis auf den Grund blicken kann"*, und Gustav Meyer pries sein *„kristallklares und leicht zugängliches Deutsch"* (Franz Mehring, Gesammelte Schriften Band 3. Berlin 1964, S.235; zit. n. Thomas Kuczynski in: Le Monde Diplomatique vom 12. 11. 2020. Gustav Meyer zit. n. Klaus Körner, Wir zwei betreiben ein Compagniegschäft. Hamburg 2009, S.149).

((8)) Zit. n. Tristram Hunt, Friedrich Engels. Berlin 2012, S.308 sowie: *Mohr und General* – Erinnerungen an Marx und Engels. Berlin 1964, S.548. Der Wirtschafts- und Sozialhistoriker Werner Plumpe schreibt dazu: „Den Abbruch seiner Gymnasialzeit ohne Abitur (…) und den damit verbundenen Verzicht auf ein Universitätsstudium empfand [Engels] wohl sein Leben lang als großen Verlust, den er durch umso intensiver betriebene Eigenstudien zu ersetzen suchte, aber – das war ihm klar – so kaum ersetzen konnte" (Werner Plumpe, Die Verwandlung der Welt. In: Eberhard Illner u. a. (Hg.), Friedrich Engels – das rot-schwarze Chamäleon. Darmstadt 2020, S.233).
    „Ich bin jung und Autodidakt in der Philosophie", da ich mir nicht durch ein Doktordiplom das Recht zu philosophieren erkauft habe", schrieb Engels 1842 als 21-Jähriger an den Junghegelianer Arnold Ruge. *„Ich (…) halte es nun für meine Pflicht, durch ein Studium, das ich mit doppelter Lust fortsetze, mir auch das immer mehr anzueignen, was einem nicht angeboren wird"* (Friedrich Engels am 26. Juli 1842 an Arnold Ruge. MEGA III/1, S.235; zit. n. Werner Plumpe, Die Verwandlung der Welt, S.234).

((9)) „Der Mann aus der Praxis [Engels] hatte sein Wissen autodidaktisch erarbeitet", heißt es dazu in der Einleitung des aktuellen Übersichtswerks Eberhard Illner u. a. (Hg.), Friedrich Engels – das rot-schwarze Chamäleon. Darmstadt 2020, S.14. „Seine eigenständigen und facettenreichen Beiträge, die bis heute vom langen Schatten von Karl Marx verdeckt werden, reichen in geradezu enzyklopädischer Breite von literarischen zu historischen, von militärwissenschaftlichen zu technischen, von anthropologischen zu naturwissenschaftlichen und nicht zuletzt von politischen hin zu ökonomischen Schriften." Allerdings räumte Engels selbst in der Einleitung seines ‚Anti-Dühring' (1878) ein, sich manchmal umständehalber auch auf Wissensgebiete begeben zu haben, *„auf denen ich mich höchstens mit den Ansprüchen eines Dilettanten bewegen kann"* (MEW 20, S.7).

((10)) Vgl. etwa das allerdings nicht vollständige Werkverzeichnis von Marx und Engels auf der verdienstvollen
Website ml.werke.de. Für einen biographischen Beitrag im ‚*Handwörterbuch der Staatswissenschaften*' fertigte Engels 1891 selbst eine Liste seiner wichtigsten Publikationen an, die über 30 Titel umfaßte und die er in seinem handschriftlichen Entwurf mit dem selbstironischen Titel *„Meine unsterblichen Werke"* versah. Siehe dazu ausführlich: Jürgen Herres, Friedrich Engels als Publizist – ein Überblick. In: Eberhard Illner u. a. (Hg.), Friedrich Engels – das rot-schwarze Chamäleon. Darmstadt 2020, S.23-47.

((11)) Gerd Koenen, Die Farbe Rot. München 2017, S.457. Koenen bezeichnet Engels ebd. S. 465 als „Anreger, Beiträger, Kritiker und Redaktor bei der Ausarbeitung des gesamten, unter Marx' Namen rubrizierten Gedankenwerks". Er fügt hinzu: „Inwieweit Engels' Lesart der Manuskripte und zentralen Gedanken von Marx dessen Wahrnehmung bis heute überformt, ist eine nächste Frage."

((12)) Gerd Koenen (Die Farbe Rot. München 2017, S.465) zitiert in diesem Zusammenhang das Bekenntnis einer Reihe „maßgeblicher Köpfe des sich formierenden europäischen Sozialismus, von Bebel, Kautsky und Bernstein bis Plechanow", dass sie erst durch die Lektüre von Engels' ‚Anti-Dühring' - und nicht etwa von Marx' ‚Kapital' - „zu ‚Marxisten' geworden" seien. Besonders einprägsam formulierte diesen Sachverhalt der damalige österreichische Parteiführer Otto Bauer, nach dessen Worten für den Aufstieg des Marxismus erst *„eine Reihe vortrefflicher Popularisatoren die Goldbarren Marx'schen Denkens zu gangbarer Münze prägen mußten, die nun von Hand zu Hand läuft"*, und unter denen der erste und wichtigste zweifellos Friedrich Engels war (1907; zit. n. Koenen, S.465).

„Meine Generation (…) hat den Marxismus in erster Linie durch Engels kennengelernt", betonte auch der 1902 geborene westdeutsche Linkssozialdemokrat Walter Fabian 1970 auf einer Tagung über Friedrich Engels in Wuppertal. „Natürlich auch durch das *‚Kommunistische Manifest'* und - zu einem kleinen Teil - durch das Studium des *‚Kapital'*, aber verstanden haben die Sozialdemokraten (…) des 19. Jahrhunderts den Marxismus durch Engels: Durch den *‚Anti-Dühring'*, durch die zahlreichen Einleitungen zu Neuausgaben der kleineren Schriften von Marx, durch Engels' eigene Schrift *‚Die Entwicklung des Sozialismus von der Utopie zur Wissenschaft'"* (Walter Fabian, Engels und die deutsche Arbeiterbewegung 1870-1895. In: Hans Pelger (Red.), Friedrich Engels 1820-1970. Hannover 1971, S.108).

Zu Engels Rolle als Mitbegründer und maßgeblichem Populisierer des marxistischen Gedankenguts siehe auch: Tristram Hunt, Friedrich Engels – der Mann, der den Marxismus erfand. Berlin 2012, S.372 ff. sowie diverse Beiträge in: Eberhard Illner u. a. (Hg.), Friedrich Engels – das rot-schwarze Chamäleon. Darmstadt 2020 (u. a. S.13 ff., 49 ff. und 365 ff.).

((13)) So auch der deutsche Titel der derzeit wohl bekanntesten und einflußreichsten Engels-Biographie des britischen Labour-Politikers Tristram Hunt: Friedrich Engels, Der Mann der den Marxismus erfand. Berlin 2012 (englischer Originaltitel: *The Frock Coated Communist*, 2009). Vgl. auch Toni Börner, Marxismus-Engelismus? Der Anteil von Friedrich Engels am Marxismus. Hausarbeiten.de 2008. Kritisch zu diesem mittlerweile geläufigen Etikett und einer noch weitergehenden Umetikettierung des Marxismus in *‚Engelsismus':* Thomas Kuczynski in: Le Monde Diplomatique vom 12. 11. 2020.

((14)) Beispielhaft dafür etwa der aktuelle Band: Bruno Kern: Friedrich Engels, Im Widerspruch denken – Ansichten eines smarten Revolutionärs. Wiesbaden 2020 (bes. S. 91 ff.: *„Von der Utopie zum Dogma")*.

((15)) Jürgen Kocka, Engels in seiner Zeit. In: Eberhard Illner u. a. (Hg.), Friedrich Engels – das rot-schwarze Chamäleon. Darmstadt 2020, S.21 und 383/84.

((16)) Marxens Morgan-Abschriften sind komplett und mit Kommentaren veröffentlicht in: Lawrence Krader (Hg.), Karl Marx, Die ethnologischen Exzerpthefte. Frankfurt 1976, S.124-360.

((17)) Bereits Anfang Februar 1884 hatte Engels auf einem Brief Kautskys die Stichworte *„Morgan, Money, Java"* notiert – der erste dokumentierte Hinweis auf seine Beschäftigung mit Morgans Werk.

((18)) Manfred Kliem, Friedrich Engels – Dokumente seines Lebens. Frankfurt 1977, S.543/44. Ebd. auch das Zitat von Eleanor Marx.

((19)) Alle Zitate nach Manfred Kliem, Friedrich Engels – Dokumente seines Lebens. Frankfurt 1977, S.547.

((20)) Werner Blumenberg, Karl Marx in Selbstzeugnissen und Dokumenten. Reinbek bei Hamburg 1962, S.153/54.

((21)) *„Wäre nicht das massenhafte amerikanische und russische Material (...) gewesen, der 2. Band* [von Marx' ‚Kapital‘, MK] *wäre längst gedruckt",* schrieb Engels in seinem Brief vom 29. Juni 1883 an Friedrich Adolph Sorge weiter (MEW 36, S.46). Und am 30. August 1883 an August Bebel: *„Hätte ich das gewußt, ich hätte ihm* [Marx] *bei Tag und Nacht keine Ruh gelassen, bis es* [die Folgebände des ‚Kapital‘, MK] *ganz fertig und gedruckt war"* (MEW 36, S.56). Siehe zu Marx' Exzerptierungswut auch ausführlich: Harald Bluhm und Axel Rüdiger: Exzerpieren als Basis. Marxens Produktionsweise – ein Essay (Online-Aufsatz auf *soziopolis.de*). Und zum fragmentarischen Zustand der Folgebände des ‚Kapital‘: Friedrich Engels, MEW 25, S.7-15 und MEW 36, S.56 sowie die Übersichten von Regina Roth, Reparaturfall ‚Kapital‘? In: Eberhard Illner u. a. (Hg.), Friedrich Engels – das rotschwarze Chamäleon. Darmstadt 2020, S.352-371 und Werner Plumpe: ‚Dies ewig unfertige Ding‘. Das ‚Kapital‘ und seine Entstehungsgeschichte (Online-Publikation CC BY-NC-ND 3.0 DE vom 5. 5. 2017).

((22)) David Rjazanov in: Archiv für die Geschichte des Sozialismus und der Arbeiterbewegung 9/1925, S.399; zit. n. Erhard Lucas, Saeculum 26/1975, S.393. Rjazanov wurde 1938 während der großen Stalinschen Säuberungen als ‚Menschewist‘ hingerichtet - siehe dazu u. a.: Gerd Koenen, Die Farbe Rot. München 2017, S.468/69. Nicht nur Lawrence Krader, der 1976 Marx' ethnologische Exzerpthefte erstmals publizierte und detailliert kommentierte, wies Rjazanovs Urteil entschieden als unbegründet zurück. „Die inhaltliche Prüfung der 1880-1881 angelegten Exzerpthefte zeigt", so Krader (Ethnologie und Anthropologie bei Marx. München 1973, S.217 Anm.88), „dass Marx geistig voll bei Kräften war und von einer Beeinträchtigung seiner Fähigkeiten zu jener Zeit nicht die Rede sein kann." Seine letzten Exzerpte zeigten durch ihre auffallende Kürze allerdings, „dass seine physische Ausdauer in den Monaten vor seinem Tode gemindert war". Auf Marx' histori-

sche und anthropologische Studien in seinen letzten Lebensjahren wird in
Teilband 4 dieser Arbeit genauer eingegangen.

((23)) Neben der vorrangigen Fertigstellung des ‚Kapitals' plante Engels laut
Manfred Kliem (Friedrich Engels – Dokumente seines Lebens. Frankfurt
1977, S.550/51) auch eine ausführliche und durch Dokumente ergänzte Biographie über Marx sowie die Veröffentlichung seiner und Engels' eigener
kleinerer Arbeiten in einer kommentierten Gesamtausgabe. „Alle diese Vorhaben scheiterten letzten Endes am Zeitfaktor", so Kliem. „Es erwies sich als
unmöglich, zu gleicher Zeit das Marxsche ‚Kapital' herauszugeben, die
anderen Nachlaßprojekte zu besorgen und noch dazu die vielfältigen Kontakte zu den einzelnen sozialistischen Parteien aufrechterhalten zu wollen."

((24)) Der Sozialdemokrat Eduard Bernstein besuchte Engels Ende Febru-
ar/Anfang März 1884 und berichtete in seinen ‚Erinnerungen', dieser habe
ihm abends aus Marx' Morgan-Exzerpten vorgelesen und er selbst habe ihm
zu ihrer Veröffentlichung geraten.

((25)) Da Marx in seinen Exzepten Morgans Formulierungen nicht wörtlich
übernahm, sondern dessen Text vielmehr in einer eigenen Version gewissermaßen ‚komprimierte', trifft der Begriff ‚Konspekt' auf seine Notizen im
Grunde tatsächlich besser zu. Da dieser Terminus aber heute selbst im wissenschaftlichen Milieu kaum mehr gebräuchlich und vertraut ist, verwende
ich in dieser Studie aus Verständlichkeitsgründen weiter den eingebürgerten
Begriff ‚Exzerpte'.

((26)) „*Das Buch* [Morgans ‚Acient Society', MK] (…) *ist in Amerika gedruckt, ich hab's seit 5 Wochen bestellt, kann's aber nicht bekommen! Trotz-
dem eine Londoner Firma als Mitverleger auf dem Titel steht,*" klagte Engels
am 16. Februar 1884 in einem Brief an Kautsky (MEW 36, S.109/110). Und
am 24. März 1884 teilte er ihm dann mit: „*Lieber Kautsky, Morgans Buch
wird am besten in Amerika bestellt, die wenigen für England (...) gedruckten
Ex. scheinen aufgekauft oder vergriffen – ich habe nur mit Mühe und **anti-
quarisch** das meinige erhalten. Den amerikanischen Verleger kenne ich
nicht. Meines kostet mich 13 sh 4 d*" (MEW 36, S.129; Hervorh. im Original).

((27)) Da heute vermutlich kaum mehr jemand Morgans ‚*Ancient Society*'
und Marx' Exzerpte daraus kennt und liest, seien die Art und der Umfang der
Übernahmen im ‚*Ursprung*' anhand eines Absatzes aus Engels' Kulturstufen-
Kapitel (MEW 21, S.30 ff.) exemplarisch verdeutlicht.
　　Lewis H. Morgan schrieb in seiner ‚*Ancent Society*' (deutsche
Ausgabe ‚*Die Urgesellschaft*', Stuttgart 1891, S.17/18) über die Rolle der
Fischnahrung in der Frühgeschichte der Menschheit: „*Im Fisch muß man die
erste Art künstlicher Nahrung erblicken, weil derselbe ohne Kochen sich
nicht voll verwerten ließ. Es ist sehr wahrscheinlich, daß zu diesem Behuf das
Feuer zuerst nutzbar gemacht wurde. Fische fanden sich überall vor, (...)*

und sie waren das einzige Nahrungsmittel, welches zu allen Zeiten erreichbar war. Feldfrüchte waren in der Urperiode noch unbekannt, (...) und die Jagd auf Wild war zu unsicher, um jemals ein ausschließliches Mittel für den Lebensunterhalt des Menschen gewesen zu sein. Mit dieser neuen Art von Nahrung [= Fisch, MK] *wurde die Menschheit unabhängig von Klima und Örtlichkeit; den Küsten der Meere und Seen und dem Laufe der Flüsse folgend, konnte sie selbst im Wildheitszustande sich über den größten Teil der Erdoberfläche ausbreiten. Von der Tatsache dieser Wanderungen legen die Überreste von Feuerstein- und Steinwerkzeugen aus der Wildheitsperiode, die sich auf allen Kontinenten vorfinden, genügendes Zeugnis ab."*

Marx gab diese Passage in seinen Abschriften aus Morgans Buch (Karl Marx, Die ethnologischen Exzerpthefte. Hg. Lawrence Krader, Frankfurt 1976, S.127) stichwortartig und etwas gestrafft ohne inhaltliche Veränderungen wie folgt wieder: *„Fischnahrung; die erste künstliche Nahrung, nicht gänzlich ohne Kochen verwertbar. Das Feuer wurde zuerst für diesen Zweck genutzt – (Jagd auf Wild war zu unsicher, um jemals ausschließliches Mittel für den Lebensunterhalt des Menschen gewesen zu sein). Mit dieser Art von Nahrung wurde die Menschheit unabhängig von Klima und Örtlichkeit; den Küsten der Meeere und Seen und dem Lauf der Flüsse folgend, konnten sie sich sogar im Zustand der Wildheit über den größeren Teil der Erdoberfläche ausbreiten. Von den ersten dieser Wanderungen legen die Überreste von Feuerstein und Steinwerkzeugen, die sich auf allen Kontinenten vorfinden, überdeutlich Zeugnis ab."*

In **Engels'** Bearbeitung für den ‚*Ursprung*' liest sich die Passage schließlich folgendermaßen:
„[1.Wildheit] 2. Mittelstufe. Beginnt mit der Verwertung von Fischen (wozu wir auch Krebse, Muscheln und andere Wassertiere zählen) zur Nahrung und mit dem Gebrauch des Feuers. Beides gehört zusammen, da Fischnahrung erst vermittelst des Feuers vollständig vernutzbar wird. Mit dieser neuen Nahrung aber wurden die Menschen unabhängig von Klima und Lokalität; den Strömen und Küsten folgend, konnten sie selbst im wilden Zustand sich über den größten Teil der Erde ausbreiten. Die roh gearbeiteten, ungeschliffenen Steinwerkzeuge des früheren Steinalters, die sogenannten paläolithischen, die ganz oder größtenteils in diese Periode fallen, sind in ihrer Verbreitung über alle Kontinente Beweisstücke dieser Wanderungen. (...) Ausschließliche Jägervölker, wie sie in den Büchern figurieren, d. h. solche, die <u>*nur*</u> *von der Jagd leben, hat es nie gegeben; dazu ist der Ertrag der Jagd viel zu ungewiß"* (MEW 21, S.31; Hervorh. im Original).

Abgesehen von einigen Umstellungen in der Textabfolge hielt sich Engels (wie vor ihm schon Marx) hier inhaltlich weitgehend an Morgans Buchvorlage. Da er indes mit der europäischen Prähistorie besser vertraut war als der Amerikaner, fügte er zu dessen Fischen - vermutlich mit Blick auf die großen nordeuropäischen Muschelhaufen (*Kjökkenmöddinger*) – noch andere Meerestiere hinzu, erwähnte den Fachbegriff *paläolithisch* (= ‚altsteinzeitlich') und unterschied archäologischem Usus gemäß ungeschliffene ältere von geschliffenen jüngeren Steinwerkzeugen, wie es der von ihm sonst wenig geschätzte britische Prähistoriker Sir John Lubbock 1865 erstmals getan hatte. Auch bei Engels bleibt Morgans Textvorlage ansonsten aber deutlich erkennbar.

((28)) „Erst diese über das ursprünglich beabsichtigte ‚Resümieren' hinausgehende Konzeption eröffnete Engels die Möglichkeit, im ‚Ursprung... ' Grundfragen des historischen Materialismus (...) zusammenhängend und überzeugend zu behandeln", kommentierten die Herausgeber der 1990 in der DDR erschienenen MEGA-Ausgabe der Schrift (I, 29/1, S.20) in ihrer redaktionellen Einleitung.

((29)) Siehe dazu MEGA I/29,1, S.33/34 und S.121-123. In dem Band ist auf S.7-114 auch der Text der Erstausgabe des ‚Ursprung' von 1884 vollständig abgedruckt. Zur 4. Auflage der Schrift von 1891 siehe ferner MEGA I, 29/2, S.583-586 und 713-732.

((30)) *„ Wenn Ihr glaubt, 5000 absetzen zu können, soll's mir recht sein",* schrieb Engels am 19. Juli 1884 an seinen zuständigen Redakteur Karl Kautsky in Zürich (MEW 36, S.176). *„Ich bitte (...) nach Vollendung um 25 Exemplare der Luxusausgabe und 5 der andern",* so Engels am 28. Juli 1884 an den Verleger Hermann Schlüter in Zürich (MEW 36, S.184). Laut MEGA I, Band 29/2, S.608 erhielt er von dort 50 Freiexemplare. Zu allen anderen Details siehe die redaktionellen Angaben in MEW 36, S.772/73 Anm. 273.

((31)) „Nach langen erfolglosen Verhandlungen mit dem Verleger J. H. W. Dietz über den Druck von Engels' ‚Ursprung' (...) in Stuttgart hatte Karl Kautsky am 16. Juli 1884 Engels mitgeteilt, daß die Züricher Volksbuchhandlung den Verlag und Druck der Engels'schen Schrift übernehmen werde", so die Herausgeber der MEW (Band 36, S.772/73 Anm. 273). *„Also das haben wir von all der Rücksichtnahme auf Dietz, daß er uns alle für seine Feinde hält!",* schrieb Engels daraufhin an Kautsky (MEW 36, S.176). „Im Laufe des Jahres 1890 wurden die letzten der 5000 Exemplare abgesetzt, die 1884 in Zürich gedruckt und dann von Dietz übernommen worden waren", so die Herausgeber der MEGA (Abteilung I, Band 29/2, S.716).

((32)) Laut MEGA I 29/1, S.33 erweiterte Engels in der 4. Auflage des ‚Ursprung' „das Kapitel 2 über die Familie von 21 auf 44 Seiten". „Die Erweiterung betrifft vor allem die stärkere Herausarbeitung der patriarchalischen Hausgenossenschaft (...) sowie die ausführliche Darlegung der sozialökonomischen Bedingtheit der jeweiligen Familienform und der Stellung der Geschlechter zueinander". Zu weiteren Textveränderungen gegenüber der Urversion siehe im Detail MEGA I, Band 29/2, S.723-727, wo auch die kürzere Ursprungsversion aus dem Jahr 1884 komplett abgedruckt ist.

((33)) MEGA I, Band 29/1, S.41. Zur Publikationsgeschichte des ‚Ursprung' siehe auch MEGA I, Band 29/2, S.606 ff., 615 ff. und 730.

((34)) Zu August Bebels Rolle als deutscher ‚Arbeiterkaiser‘ und der enormen Breitenwirkung seines Buches ‚*Die Frau und der Sozialismus*‘ als „eigentliches informelles Grundlagenbuch der deutschen Sozialdemokratie“ siehe Gerd Koenen, Die Farbe Rot. München 2017, S.376 ff. und S.441. Nach Koenens Worten „bildete Bebel über zwei Jahrzehnte ideologisch und praktisch das stets umkämpfte Gravitationszentrum der Partei, vor allem auch in den unvermeidlich aufbrechenden Flügelkämpfen“ (ebd., S.441).

((35)) Diese ersten fremdsprachigen Übersetzungen sind mit erläuternden Anmerkungen abgedruckt in MEGA I, Band 29/1, S.275-362 (italienisch), S.363-446 (dänisch) und S.447-569 (französisch). Weitere Informationen zu ihrer Publikationsgeschichte und ein Verzeichnis der Abweichungen vom deutschen Ursprungstext finden sich in MEGA I, Band 29/2, S.617-619, 704-707 sowie S.787-801 (italienische Ausgabe), 802-808 (dänische Ausgabe) und 809-829 (französische Ausgabe).

((36)) Brief August Bebels vom 15. Dezember 1884 an H. Schlüter, zit. n. MEGA I, Band 29/2, S.611. Karl Kautsky in Frankfurter Zeitung vom 19. September 1884, zit. n. MEGA I, Band 29/2, S.610. Literaturempfehlung der Österreichischen Arbeiterbibliothek, zit. n. Joachim Herrmann/Jens Köhn (Hg.), Familie, Staat und Gesellschaftsformation. Berlin/DDR 1988, S.641. Zur Gesamtwirkung des ‚*Ursprung*‘ innerhalb der Sozialdemokratie und auf andere sozialistische Publizisten vgl. MEGA I, Band 29/2, S.609-614.

((37)) Ursula Herrmann in: Joachim Herrmann/Jens Köhn (Hg.), Familie, Staat und Gesellschaftsformation. Berlin/DDR 1988, S.647.

((38)) Karl Marx, Erster Entwurf eines Briefes an V. I. Sassulitsch, MEW 19, S.386. Ders., Die ethnologischen Exzerpthefte, hg. von Lawrence Krader. Frankfurt/Main 1976, S.295.

((39)) In Morgans ‚*Urgesellschaft*‘ (Stuttgart 1891, S.69 Fußnote 21) heißt es dazu wörtlich: „*Weiße werden* [von den Indianern, MK] *mitunter aus Höflichkeit adoptiert. So wurde ich auf diese Weise vor einigen Jahren in die Falken-Gens der Senekas aufgenommen.*“ Zu Morgans früher Indianerbegeisterung und seinen Kontakten mit den Irokesen siehe ausführlicher: Auf den Spuren der Irokesen. Katalogbuch Bonn/Berlin 2013.

((40)) Carl Resek, Lewis Henry Morgan – American scholar. Chicago 1960, S.88/89. Morgans ethnographische Unternehmungen sind detailliert dokumentiert in seinen ‚*Indian Journals (1859-62’)*, hg. von Leslie A. White. Ann Arbor 1959.

((41)) Michael Oppitz in: Christian M. Feest/Karl-Heinz Kohl (Hg.), Hauptwerke der Ethnologie. Stuttgart 2001, S.314.

((42)) Michael Oppitz in: Christian M. Feest/Karl-Heinz Kohl (Hg.), Hauptwerke der Ethnologie. Stuttgart 2001, S.315.

((43)) Zit. n. Christian M. Feest in: Ders. und Karl-Heinz Kohl (Hg.), Hauptwerke der Ethnologie. Stuttgart 2001, S.312.

((44)) Carl Resek, Lewis Henry Morgan – American Scholar. Chicago 1960,
S. 31.

((45)) *„Die Arbeit in weißer Haut kann sich nicht dort emanzipieren, wo sie
in schwarzer Haut gebrandmarkt wird"*, schrieb Marx beispielsweise 1867 in
seinem Hauptwerk ‚*Das Kapital*‘ (MEW 23, S.318). Allerdings war auch die
Haltung von Marx und Engels zur Sklaverei nicht völlig frei von Schwan-
kungen - siehe dazu ausführlicher: Malcolm Sylvers, Marx, Engels und die
USA. In: Marx-Engels-Jahrbuch 2004, S.31-53 sowie: James M. Brophy,
‚Das gelobte Land?‘ In: Eberhard Illner u. a. (Hg.), Friedrich Engels – das
rot-schwarze Chamäleon. Darmstadt 2020,S.197ff. In Gerd Koenen, Die
Farbe Rot. München 2017, S.388 ff. findet sich ein guter Überblick über die
damalige Sklavenhaltung in den USA.

((46)) Daniel Noah Moses, The Promise of Progress – The Life and Work of
Lewis Henry Morgan. Columbia/London 2009, S.147.

((47)) Alle Angaben und Zitate aus Daniel Noah Moses, The Promise of
Progress – The Life and Work of Lewis Henry Morgan. Columbia/London
2009, S.147-149. Vgl. dazu auch: Carl Resek, Lewis Henry Morgan – American scholar. Chicago 1960, S.111.

((48)) Karl Marx, Erster Entwurf einer Antwort auf den Brief von V. I. Sas-
sulitsch. MEW 19, S.386. Ders., Die ethnologischen Exzerpthefte, hg. v.
Lawrence Krader. Frankfurt/Main 1976, S.295. Nach Gerd Koenen, Die
Farbe Rot. München 2017, S.395 galten auch Marx die Vereinigten Staaten
damals als das „progressivste Land der Welt", weil „Staat und bürgerliche
Gesellschaft hier nicht aus dem Feudalsystem herausgewachsen waren, sondern sich auf ihrer eigenen, allerdings kolonialen Grundlage gebildet hatten.
Umso bemerkenswerter fand er, wie tief die gesellschaftlichen Klüfte und
Spaltungen mittlerweile waren und wie sehr die Möglichkeiten einer politischen Partizipation auch hier vom sozialen Status abhingen". Ausführlicher
zur Haltung von Marx und Engels gegenüber der seinerzeit wohl dyna-
mischsten Gesellschaft der Welt: Malcolm Sylvers, Marx, Engels und die
USA. In: Marx-Engels-Jahrbuch 2004, S.31-53 sowie: . James M. Brophy,
‚Das gelobte Land?‘ In: Eberhard Illner u. a. (Hg.), Friedrich Engels – das
rot-schwarze Chamäleon. Darmstadt 2020, S.189-215.

((49)) MEGA I/Band 29/1, redaktionelle Einleitung S.19/20. Nach Daniel
Noah Moses, The Promise of Progress – The Life and Work of Lewis Henry
Morgan. Columbia/London 2009, S.217 schrieb Morgan wörtlich, dass „Re-

formen – um dauerhaft und nutzbringend zu sein – schrittweise und nicht gewaltsam vollzogen werden" müßten und dass „Geduld und Intelligenz" die besten gesellschaftlichen „Heilmittel" seien.

((50)) Für eine Übersicht über diese Kontakte und Korrespondenzen siehe: Daniel Noah Moses, The Promise of Progress – The Life and Work of Lewis Henry Morgan. Columbia/London 2009, S.210-212 sowie; Carl Resek, Lewis Henry Morgan – American scholar. Chicago 1960, S.125/26.

((51)) Daniel Noah Moses, The Promise of Progress – The Life and Work of Lewis Henry Morgan. Columbia/London 2009, S.211 und: Carl Resek, Lewis Henry Morgan – American scholar. Chicago 1960, S.125. Morgan versprach McLennan bei diesen Treffen anscheinend, ihm bei der Suche nach einem Lehrstuhl in den USA zu helfen.

((52)) Karl Marx zit. n. Erhard Lucas in: Saeculum 15/1964, S.330 Anm.28. Friedrich Engels am 16. Februar 1884 an Karl Kautsky: *„All der Schwindel von Tylor, Lubbock und Co. ist definitiv kaputtgemacht, Endogamie, Exoga-mie und wie all der Blödsinn heißt"* (MEW 36, S.110). Zitat Gartenparty nach Daniel Noah Moses, The Promise of Progress – The Life and Work of Lewis Henry Morgan. Columbia/London 2009, S.212.

((53)) Carl Resek, Lewis Henry Morgan – American scholar. Chicago 1960, S.126. Beispiele für diese Kontroversen ebd., S.142/43.

((54)) Vgl. Engels' Bewertung derselben Forscher im Vorwort zur Neuaus-gabe des ‚Ursprung' von 1891(MEW 21, S.473-483). Auch Marx urteilte in einem Briefentwurf vom Februar/März 1881: *„Beim Lesen der von Bour-geois geschriebenen Geschichten der Urgemeinschaften muß man auf der Hut sein. Sie schrecken nicht einmal vor Fälschungen zurück"* (MEW 19, S. S.386).

((55)) Lewis Henry Morgan, Die Urgesellschaft. Stuttgart 1908, S.435-450. Morgan schrieb dort wörtlich: *„Eine Untersuchung der Gründe, auf denen Herrn McLennans Angriff beruht"*, *„zeigt nicht nur die Schwäche seiner Kritik, sondern auch die Schwäche der Theorien, auf welche diese Kritik sich stützt. Eine solche Untersuchung führt zu Resultaten, die sein ganzes Werk bedenklich bloßstellen"* (ebd., S.436).

((56)) Alle Zitate nach: Carl Resek, Lewis Henry Morgan – American scholar. Chicago 1960, S.134.

((57)) Zit. n. Daniel Noah Moses, The Promise of Progress – The Life and Work of Lewis Henry Morgan. Columbia/London 2009, S.212 sowie Carl Resek, Lewis Henry Morgan – American scholar. Chicago 1960, S.122. Ironischerweise war auch Friedrich Engels während seiner Jahre in Manchester passionierter Reiter und leidenschaftlicher Teilnehmer an den berittenen Fuchsjagden der dortigen *Upper Class* (siehe etwa MEW 29, S.245).

((58)) Lewis H. Morgan, Die Urgesellschaft. Stuttgart 1891, S.474.

((59)) Lewis Morgan, European Journal, S.347. Zit. n. Daniel Noah Moses, The Promise of Progress – The Life and Work of Lewis Henry Morgan. Columbia/London 2009,, S.214/15)

((60)) Zit. n. Carl Resek, Lewis Henry Morgan – American scholar. Chicago 1960, S.122 und Noah Moses, The Promise of Progress – The Life and Work of Lewis Henry Morgan. Columbia/London 2009, S.209. Morgan betrachtete auch alle Reformbemühungen im Hinblick auf den Katholizismus als aussichtslos, denn *„die Axt muß an die Wurzel dieses Baums der Missetaten gesetzt werden"*, wie er in seinem Reisejournal schrieb – *„man muß ihn mit Stamm und Ästen zu Fall bringen"* (zit. n. Moses, S.209).

((61)) zit. n. Bernhard J. Stern, L. H. Morgan – Social Evolutionist. New York 1931/1967, S.48/49 sowie: Daniel Noah Moses, The Promise of Progress – The Life and Work of Lewis Henry Morgan. Columbia/London 2009, S.209.

((62)) zit. n. Carl Resek, Lewis Henry Morgan – American scholar. Chicago 1960, S.123.

((63)) Lewis H. Morgan, Die Urgesellschaft; S.474. Ders., European Journal, S.361/62 und S.381, zit. n. Daniel Noah Moses, The Promise of Progress – The Life and Work of Lewis Henry Morgan. Columbia/London 2009, S.216.

((64)) Wolf Schimmang (Frühgeschichte und Utopie. Frankfurt/Main 1979, S.29) vermerkt zutreffend, dass diese Fußnote „ein völlig falsches Bild von Morgan" gebe, „der keineswegs ein stiller und hilfsbedürftiger Wissenschaftler war, sondern ein selbstbewußter und wohlhabender Geschäftsmann". Schimmang wertet die zitierte biographische Anmerkung wohl zurecht als Beleg dafür, „daß Engels über die Person Morgans nichts wußte".

((65)) In seinem Reisejournal notierte Morgan 1862 nach dem Erhalt der traurigen Nachricht: *„So endet meine letzte Expedition. Ich kehre als unglücklicher und zerstörter Mann zu meiner aufs tiefste erschütterten und trauernden Frau zurück"* (zit. n. Carl Resek, Lewis Henry Morgan – American scholar. Chicago 1960, S.89).

((66)) Zitat und Angaben nach Carl Resek, Lewis Henry Morgan – American scholar. Chicago 1960, S.106 und 146.

((67)) Daniel Noah Moses, The Promise of Progress – The Life and Work of Lewis Henry Morgan. Columbia/London 2009, S.284.

((68)) Dieses *„Uraltertum"* hatte, so Engels im *‚Anti-Dühring'* weiter, *„zum Inhalt die Überwindung von solchen Schwierigkeiten, wie sie sich den zukünftigen assoziierten Menschen nie wieder entgegenstellen werden"* (MEW 20, S.107/108).

((69)) Originalzitat: Lewis H. Morgan, Die Urgesellschaft. Stuttgart 1891, S.16. Auch Marx zitierte diese Passage in seinen ethnologischen Exzerptheften (hg. von Lawrence Krader. Frankfurt/Main, S.127) fast unverändert, wobei er allerdings hinter Morgans originale Formulierung *„**absolute** Herrschaft über die Erzeugung von Nahrungsmitteln"* ein Frage- und ein Ausrufezeichen (*„?!"*) setzte. Möglicherweise deshalb milderte Engels die Formulierung im *‚Ursprung'* in *„**fast** unbedingte Herrschaft"* ab (MEW 21, S.30).

((70)) Vgl. dazu Marx' Bemerkung im *‚Kapital'* von 1867 über die *„Entwicklung der materiellen Produktion"* als *„Grundlage allen gesellschaftlichen Lebens und daher aller wirklichen Geschichte"* (MEW 23, S.195 Anm. 5a). Engels bezeichnete es noch in seiner Grabrede für den verstorbenen Freund im März 1883 als dessen wichtigste Erkenntnis, *„dass die Menschen vor allen Dingen zuerst essen, trinken, wohnen und sich kleiden müssen, ehe sie Politik, Wissenschaft, Kunst, Religion usw. treiben können; daß also die Produktion der unmittelbaren materiellen Lebensmittel (...) die Grundlage bildet, aus der sich die Staatseinrichtungen, die Rechtsanschauungen, die Kunst und selbst die religiösen Vorstellungen (...) entwickelt haben, und aus der sie daher auch erklärt werden müssen – nicht, wie bisher geschehen, umgekehrt"* (MEW 19, S.335/36).

((71)) Lewis H. Morgan, Die Urgesellschaft. Stuttgart 1891, S.16, 50 und 256.

((72)) Aufgrund der Ungeplantheit und Unbewußtheit dieses Prozesses schufen nach Marx und Engels *„die Umstände ebenso sehr die Menschen, wie die Menschen die Umstände"* (MEW 3, S.38). *„Wir machen unsere Geschichte selbst, aber (...) unter sehr bestimmten Voraussetzungen und Bedingungen"*, schrieb Engels noch 1890 in einem seiner ‚Altersbriefe' an Joseph Bloch in Königsberg: *„Was herauskommt, ist etwas, das keiner gewollt hat"* (MEW 37, S.463/64).

((73)) Lewis H. Morgan, Die Urgesellschaft. Stuttgart 1891, S.427 und 434.

((74)) So Marx wörtlich im Vorwort des *‚Kapital'* von 1867 (MEW 23, S.16 und 26). Engels unterstrich noch 1890 in einem seiner ‚Altersbriefe': *„So verläuft die bisherige Geschichte nach Art eines Naturprozesses und ist auch wesentlich denselben Bewegungsgesetzen unterworfen"* (MEW 37, S.464).

((75)) Karl Marx, Erster Entwurf eines Briefes an Vera I. Sassulitsch vom Februar/März 1881 (MEW 19, S. S.386). In einem anderen Briefentwurf zog Marx noch deutlicher den geologischen Vergleich mit der *„archaischen oder*

primären Formation unseres Erdballs", die *„eine Reihe von Schichten verschiedenen Alters (enthält), von denen die eine über der anderen liegt. Ebenso enthüllt uns die archaische Fomation der Gesellschaft eine Reihe ver-
schiedener Typen, die verschiedene, aufeinanderfolgende Epochen kenn-
zeichnen"* (MEW 19, S. 398). Marx verwies in diesem Zusammenhang unter
anderem auch auf Morgan, dessen *‚Ancient Society'* er im Frühjahr 1881
wohl gerade las und aus der der zitierte Satz fast wörtlich stammen könnte.
Auf all diese Aspekte wird in Teilband 4 der vorliegenden Studie ausführlicher eingegangen.

((76)) Marx führte im *‚Kapital'* (MEW 23, S.194/95) weiter aus: *„Dieselbe
Wichtigkeit, welche der Bau von Knochenreliquien für die Erkenntnis der
Organisation untergegangner Tiergeschlechter, haben Reliquien von Ar-
beitsmitteln für die Beurteilung untergegangner ökonomischer Gesellschaftsformationen. Nicht was gemacht wird, sondern wie, mit welchen Arbeitsmit-
teln gemacht wird, unterscheidet die ökonomischen Epochen."*

((77)) So schrieb zum Beispiel auch der Begründer der britischen Ethnographie, E. B. Tylor, 1889: *„Die sozialen Einrichtungen des Menschen lösen
einander ab wie die Ablagerungsschichten im Gestein, und zwar grundlegend
einheitlich auf dem ganzen Erdball, ohne Rücksicht auf die ziemlich oberflächlichen Unterschiede von Rasse und Sprache, geformt von der gleicharti-
gen Menschennatur"* (In: Journal of the Royal Anthropological Institute
XVIII/1889, S.245-69. Zit. n. V. Gordon Childe, Soziale Evolution. London
1951/Frankfurt 1975, S.17.

((78)) Burkhard Ganzer, Lewis Henry Morgan. In: Wolfgang Marschall
(Hg.), Klassiker der Kulturanthropologie. München 1990, S.105.

((79)) Elman R. Service, The Mind of Lewis H. Morgan. In: Current Anthropology (im folgenden abgekürzt: ‚CA') 22/1981, S.29/30. Morris E. Opler in:
CA 5/1964, S.112. Auch der deutsche Ethnologe Burkhard Ganzer bezeichnete es 1990 als „deutlich, daß Morgan (…) in der Tradition der französischen und schottischen Aufklärer und ihrer Bemühung steht, eine Naturgeschichte der Menschengattung, zusammengefaßt durch die Idee des Fortschritts, zu entwerfen" (in: Wolfgang Marschall (Hg.), Klassiker der Kulturanthropologie. München 1990, S.105).

((80)) Lewis H. Morgan, Die Urgesellschaft. Stuttgart 1891, S.3/4 (Hervorhebungen von mir, MK). Man beachte die genau umgekehrte Prioritätenset-
zung wie bei Engels, der im *‚Ursprung'* die *„Entwicklung der Familie"* ja
als eine *„neben"* dem technologischen Fortschritt verlaufende Begleiter-
scheinung im Überbau der Gesellschaft charakterisierte (MEW 21, S.30).

((81)) Lewis H. Morgan, Die Urgesellschaft. Stuttgart 1891, S.51/52 (Hervorh. von mir, MK). Ebd. S.4 sprach Morgan von der *„Entwicklung bestimm-*

ter Ideen, Triebe und Bestrebungen (...) als Produkte des Wachstums der einzelnen Ideen, mit denen sie verknüpft sind. "

((82)) Wolf Schimmang, Frühgeschichte und Utopie. Frankfurt/Main 1979, S.44. Morgan sprach in seiner *Ancient Society'* wörtlich von *"wenigen ursprünglichen Gedankenkeimen, (...) die, aus den ursprünglichen menschlichen Bedürfnissen hervorgegangen, durch den natürlichen Prozeß der Entwicklung so riesige Resultate gezeigt haben"* (Lewis H. Morgan, Die *Urge*sellschaft. Stuttgart 1891, S.216). Die *"hauptsächlichsten Institutionen der Menschheit"* seien aus ihnen hervorgegangen, wobei *"der Verlauf und die Art ihrer Entwicklung vorherbestimmt war und innerhalb enger Grenzen sich bewegte in Folge der natürlichen Logik des menschlichen Geistes"* (ebd., S.15).

Die Geisteskraft der antiken Griechen schrieb Morgan beispielsweise dem Umstand zu, *"daß die Ideen, welche die vorausgegangene Kulturperiode hindurch gekeimt und in jeder Faser ihres Gehirns Wurzel getrieben hatten, in der glücklichsten Weise (...) die höchste Stufe geistiger Entwicklung erreichten"* (ebd., S.215).

((83)) Wolf Schimmang, Frühgeschichte und Utopie. Frankfurt/Main 1979, S.43/44.

((84)) Lewis H. Morgan, Die Urgesellschaft. Stuttgart 1891, S.7. Ebd. S.216 betonte Morgan: *"Der menschliche Geist, der in allen Individuen und Stämmen der Menschheit derselbe ist, (...) wirkt überall in derselben Richtung, mit nur geringen Abweichungen. Die Ergebnisse dieses Wirkens in den fernsten Regionen und in weit auseinander liegenden Zeitaltern bilden vereinigt die Glieder einer logisch verbundenen Kette übereinstimmender Erfahrungen. Aus der ungeheuren Menge derselben lassen sich immer noch die wenigen ursprünglichen Gedankenkeime herauserkennen, die (...) durch den natürlichen Prozeß der Entwicklung so riesige Resultate gezeigt haben."*

((85)) Wolf Schimmang, Frühgeschichte und Utopie. Frankfurt/Main 1979, S.45. Auch Morgan sprach beispielsweise völlig unbefangen von der *"Inferiorität des Wilden in geistiger und sittlicher Beziehung, der - unentwickelt und unerfahren - durch seine niedrigen tierischen Begierden und Leidenschaften niedergehalten"* werde, und fügte hinzu: *"In einem so absolut primitiven Zustand erblickt man den Menschen nicht nur als ein Kind auf der Stufenleiter der Menschheit, sondern auch im Besitz eines Gehirns, in welches kein Gedanke, keine Vorstellung, die in den späteren Institutionen, Erfindungen und Entdeckungen Ausdruck fanden, eingedrungen war"* (Lewis H. Morgan, Die Urgesellschaft. Stuttgart 1891, S.31 und 35).

((86)) Lewis H. Morgan, Die Urgesellschaft. Stuttgart 1891, S.31. Die von Morgan hier postulierte Gehirnvergrößerung und Entfaltung des menschlichen Geistes als Resultat der Zunahme der täglichen Lebensanforderungen im Verlauf der Entwicklungsgeschichte korrespondiert in erstaunlicher Weise mit dem ganz ähnlichen Evolutionsmodell, das Engels bereits mehrere Jahre vor seiner Morgan-Lektüre in seiner 1876 entstandenen Skizze ‚*Anteil der Arbeit an der Menschwerdung des Affen*‘ (MEW 20, S.444-455) entwarf. Vgl. dazu meine Anmerkungen in: Martin Kuckenburg, Reflexionen der Urzeit. Essays zur Entwicklungsgeschichte des Menschen. Tübingen 2017, S.24-42 und 85-92.

((87)) Diese Position hatten sie sich bereits in jungen Jahren in der Auseinandersetzung mit dem idealistischen Philosophen Georg Wilhelm Friedrich Hegel erarbeitet.

((88)) Morris E. Opler in CA 5/1964, S.112.

((89)) Dem redaktionellem Vorwort der MEGA (Band 29/2, S.614) zufolge wandte sich der sozialdemokratische Verleger der deutschen Ausgabe, Johann H. W. Dietz in Stuttgart, 1888 „mit der Frage an Engels, ob dieser das Projekt für wünschenswert halte, und bat um Auskunft zu einigen verlagstechnischen Einzelheiten. Engels‘ Antwort muß umgehend erfolgt sein, denn schon am 19. Mai 1888 dankte Dietz ihm für seinen ‚informierenden Brief‘, der ihm die letzten Zweifel am Projekt genommen hatte. Engels wandte sich auch direkt an den als Übersetzer vorgesehenen Wilhelm Eichhoff mit der Bitte, diese Aufgabe zu übernehmen, wie aus dessen Antwort vom 2. Juni 1888 hervorgeht. Außerdem ist diesem Brief sowie zwei weiteren vom 30. Juni und 26. November 1888 zu entnehmen, dass Eichhoff das Manuskript oder zumindest Teile davon an Engels zur Durchsicht übersandte. Über direkte Eingriffe von Engels gibt es keinen eindeutigen Befund. Sicher ist jedoch, dass der ‚*Ursprung ...* ‘ stark auf die Terminologie der Übersetzung eingewirkt hat. So wurden die verdeutschten Zitate von Engels aus Morgan nach Möglichkeit wörtlich übernommen.“

((90)) „*Human development has been step by step, progressively, in a continuous unbroken chain*“, schrieb Morgan wörtlich in einem unveröffentlichten Manuskript aus den 1870er Jahren (zit. n. Daniel Noah Moses, The Promise of Progress. The Life and Work of Lewis Henry Morgan. Columbia/London 2009, S.167). In seinem Geschichtsbild herrsche „strenge Kontinuität, es gibt nirgends Sprünge, Mutationen“, urteilte auch der sozialistische französische Historiker Emmanuel Terray in seiner ausführlichen Arbeit ‚*Morgan und die zeitgenössische Anthropologie*‘ (in: Emmanuel Terray, Zur politischen Ökonomie der ‚primitiven‘ Gesellschaften. Frankfurt/Main 1974, S.14).

((91)) Elman R. Service, The Mind of Lewis H. Morgan. In: CA 22/1981, S.29.

((92)) Lewis H. Morgan, Die Urgesellschaft. Stuttgart 1891, S.215/16 und 473.

((93)) Karl Marx/Friedrich Engels, Manifest der Kommunistischen Partei. MEW 4, S.462. Friedrich Engels, Vorrede zur englischen Ausgabe des ‚Manifests‘ von 1888. MEW 21, S.357.

((94)) Lewis H. Morgan, Die Urgesellschaft. Stuttgart 1891, S.476. Die originale Formulierung in Morgans ‚Ancient Society‘ lautete: „*Their labors, their trials and their successes were a part of the plan of the Supreme Intelligence to develop a barbarian out of a savage, and a civilized man out of this barbarian*“ (zit. n. der Reprintausgabe Warschau 2019, S.296; vgl. Current Anthropology 22/1981, S.26).

((95)) Englisches Originalzitat nach der Reprintausgabe Warschau 2019, S.296. Deutsche Übersetzung: Lewis H. Morgan, Die Urgesellschaft. Stuttgart 1891, S.476. In der marxistischen Forschung wiesen meines Wissens erstmals die redaktionellen Bearbeiter der DDR-MEGA von 1990 (1. Abt., Band 29/1, S.18) explizit auf diese Streichungen in der deutschen Übersetzung von Morgans Werk hin.

((96)) So beispielsweise Bernhard J. Stern, Lewis Henry Morgan – Social Evolutionist. New York 1931, S.26. Der Soziologe Wolf Schimmang (Frühgeschichte und Utopie. Frankfurt/Main 1979, S.48) sieht in den zitierten Passagen zwar zutreffend „die Grenze von Morgans Materialismus sichtbar“ werden, relativiert dann aber: „Was man sich unter der ‚*Supreme Intelligence*‘ vorzustellen habe, führt er [Morgan] nicht aus. Nach allem, was er sonst sagt, ist es vermutlich sein Begriff von Natur mit ihrer Gesetzlichkeit. Sie ist letztlich das Subjekt, das intentionale Bewußtsein seines Entwicklungskonzepts, das (…) auch einen theologischen Aspekt enthält“. Dieser im Grunde durchaus ansprechenden ‚naturreligiösen‘ Deutung von Morgans Aussagen widerspricht jedoch dessen explizite Verwendung des Wortes ‚Gott‘ im zweiten Zitat.

((97)) Daniel Noah Moses (The Promise of Progress. The Life and Work of Lewis Henry Morgan. Columbia/London 2009, S.166) spricht von einer regelrechten „Umgehung [avoidance] der Darwinschen Theorie“ durch den amerikanischen Anthropologen und fügt hinzu: „Der Raum, den Morgan der Auseinandersetzung mit der Theorie der Evolution durch natürlich Auslese in der Gesamtheit seines veröffentlichten Werkes widmete, ist armselig [paltry]“. Zu Morgans zwiespältiger Haltung in der Evolutionsfrage siehe auch: Carl Resek, Lewis Henry Morgan – American Scholar. Chicago 1960, S.99-104 sowie: Bernhard J. Stern, Lewis Henry Morgan – Social Evolutionist. New York 1931, S.22-29.

((98)) Zit. n. Daniel Noah Moses, The Promise of Progress. Columbia/London 2009, S.163 und 166. Carl Resek (Lewis Henry Morgan – American Scholar. Chicago 1960, S.100) urteilte zusammenfassend: „Aus Morgans Sicht war der Mensch von Gott geschaffen [divinely created] – getrennt, aber ununterscheidbar von den Tieren“.

((99)) Die Briefstelle lautet im Ganzen: *„Als Darwins großes Werk über den Ursprung der Arten erstmals* [1859, MK] *erschien, widerstand ich seiner Theorie und war geneigt, Agassiz' Sichtweise von der Beständigkeit der Arten zu übernehmen. Einige Jahre lang verharrte ich in dieser Position. Nachdem ich die Resultate der ‚Consanguinity'* [1871 erschienenes Buch Morgans, MK] *aufgearbeitet hatte, war ich indes gezwungen, sie aufzugeben und die Schlußfolgerung anzuerkennen, dass der Mensch am unteren Ende der Skala* [at the bottom of the scale] *begann und sich von dort aus bis zu seinem derzeitigen Status emporarbeitete."* (Lewis H. Morgan am 20. September 1872 an Lorimer Fison. Zit. n. Carl Resek, Lewis Henry Morgan – American Scholar. Chicago 1960, S.99 und Daniel Noah Moses, The Promise of Progress. Columbia/London 2009, S.166).

((100)) Carl Resek, Lewis Henry Morgan – American Scholar. Chicago 1960, S.99/100. Morris E. Opler in: CA 1981, S.28.

((101)) Unveröffentlichtes Manuskript Morgans mit dem Titel *‚Roman Genesis of Human Development'*, Box 23 (folder 91). Zit. n. Daniel Noah Moses, The Promise of Progress. Columbia/London 2009, S.167 und Carl Resek, Lewis Henry Morgan – American Scholar. Chicago 1960, S.100. Auch in seiner *‚Ancient Society'* verwendete Morgan wiederholt die Formulierung *„bottom of the scale"*. Vgl. etwa: Die Urgesellschaft, Stuttgart 1891, S.31 und 35: Der frühe Mensch *„stand auf der untersten Stufe"*, da *„die Menschheit ihre Laufbahn von unten herauf begonnen hat"*.

((102)) Lewis H. Morgan zit. n. Daniel Noah Moses, The Promise of Progress. Columbia/London 2009, S.167.
Morris E. Opler in: CA 5/1964, S.111. Auch der deutsche Anthropologe Burkhard Ganzer vermerkt mit gleichem Tenor: „Morgan wandte – was man nur allzu leicht vergißt, da er nun einmal das Attribut des Evolutionismus trägt – auf den Werdegang der Menschheit nicht den objektiven Begriff der Evolution, sondern den wertenden des Fortschritts an – dies schon im Untertitel von ‚Ancient Society'. Im Buch selbst wird der Terminus ‚Evolution' nur wenige Male verwendet" (Burkhard Ganzer in: Wolfgang Marschall (Hg.), Klassiker der Kulturanthropologie. München 1990, S.105).

((103)) Lewis H. Morgan, Die Urgesellschaft. Stuttgart 1891, S.21. Der Begriff ‚Arier' war ursprünglich eine Selbstbezeichnung der antiken Iraner und Inder. Ab der Mitte des 19. Jahrhunderts wurde er im Rahmen der vergleichenden Sprachwissenschaft nahezu gleichbedeutend mit dem neuzeitlichen Terminus ‚Indoeuropäer', und wurde wohl auch von Morgan und Engels in dieser Bedeutung verwendet (vgl. dazu die Erläuterung im redaktionellen Anhang von MEW 19, S.576 Anm. 187). Den ‚Ariern' oder Indoeuropäern und den Semiten wurde aufgrund ihrer häufigen Erwähnung in den antiken Quellen in der Geschichtswissenschaft des 19. Jahrhunderts eine aus heutiger Sicht stark überproportionierte historische Rolle zugeschrieben.

((104)) Lewis H. Morgan, Die Urgesellschaft. Stuttgart 1891, S.21, 33/34, 215 und 475. Die von ihm gepriesene ‚besondere Geisteskraft‘ der alten Griechen schrieb der Forscher *„dem Umstand“* zu, *„ daß die Ideen, welche die vorausgegangene Kulturperiode hindurch gekeimt und in jeder Faser ihres Gehirns Wurzel getrieben hatten, in der glücklichsten Weise (...) die höchste Stufe geistiger Entwicklung erreichten“* (ebd., S.215).

((105)) Elman R. Service, The Mind of Lewis H. Morgan. In: CA 22/1981, S.30.

((106)) Die entsprechenden Absätze in Morgans ‚*Urgesellschaft*‘ (Stuttgart 1891, S.21) lauten wörtlich: *„ In der westlichen Hemisphäre* [= Amerika, MK] *war der Fleischkonsum auf den zweifelhaften Ertrag der Jagd beschränkt. Diese Beschränkung in einem wesentlichen Nahrungszweige war für die Dorfindianer sehr ungünstig und erklärt ohne Zweifel zur Genüge den geringeren Umfang des Gehirns bei ihnen im Vergleich mit demjenigen der Indianer auf der Unterstufe der Barbarei. In der östlichen Hemisphäre* [= Eurasien, MK] *befähigte die Züchtung von Haustieren die haushälterischen und arbeitsamen Bewohner, für sich selbst eine permanente Versorgung mit tierischer Nahrung, einschließlich der Milch zu sichern, deren gesundheitliche und kräftigende Einwirkung namentlich auf die Kinder unzweifelhaft eine sehr bedeutende war. Es ist wenigstens anzunehmen, daß die arischen und semitischen Stämme ihre überlegene Begabung der Ausdehnung verdankten, in welcher sie, soweit unsere Kenntnis zurückreicht, die Hegung ganzer Herden von Haustieren betrieben haben. (...) Keine andere Familie der Menschheit hat dies in so hohem Maße getan und die Arier übertrafen hierin noch die Semiten. “*

((107)) Marx‘ notierte in seinen ethnographischen Exzerptheften (hg. v. Lawrence Krader. Berlin 1976, S.130) zu diesem Thema wörtlich: *„Den Puebloindianern war die Beschränkung auf eine wesentliche Nahrungsart ungünstig; haben geringeren Umfang des Gehirns“.* Dagegen *„Vorzüge der arischen und semitischen Familien durch bedeutende Anzahl der domestizierten Tiere“.* Als eigenen Zusatz fügte Marx noch hinzu: *„Die Griechen molken ihre Schafe genauso wie ihre Kühe und Ziegen (Ilias IV, 433). Arier noch weit mehr als Semiten“.*

((108)) Elman R. Service, The Mind of Lewis H. Morgan. In: CA 22/1981, S.29. Morris E. Opler in: CA 3/1962, S.479 und 5/1964, S.110/111.

((109)) Leslie A. White in: R. W. Sellars, Ethnological Theory (1949), S.363/64; zit. n. Morris E. Opler in: CA 5/1964, S.111. Auch der Berliner Ethnologe Burkhard Ganzer urteilte 1990, Morgans „Zug von materialistischer Sichtweise“ habe sich „in seinem Hauptwerk (...) so sehr verstärkt, daß diese Tendenz gleichgewichtig neben der anderen steht, die die Ideen und Prinzipien in den Mittelpunkt rückt. (...) Dies hat ganz gegensätzliche Deutungen von Morgans Werk ermöglicht und hat ihn – als einzigen unter den

klassischen Evolutionisten – für den historischen Materialismus interessant
gemacht" (Burkhard Ganzer in: Wolfgang Marschall (Hg.), Klassiker der
Kulturanthropologie. München 1990, S.100-101).

((110)) MEGA I, Band 29/1, redaktionelle Einleitung S.21. Ganz allgemein
wurden in der DDR-Literatur seit den 1970er Jahren die zuvor allzu undiffe-
renzierten und einseitigen ideologischen Vereinnahmungen Morgans und
seines vermeintlichen ‚Materialismus' vorsichtig relativiert – unter anderem
auch vom DDR-‚Vorgeschichtspapst' Joachim Herrmann, der 1984 in seiner
‚Einführung in Engels' Schrift ‚Der Ursprung ... '' (Berlin/DDR 1984,
S.17/18) ausdrücklich auf Morgans Betonung der Ideengeschichte und auf
die „Grenzen von ‚Ancient Society'" hinwies. Zu Morgans Bedeutung und
seinen theoretischen Leistungen aus früherer realsozialistischer Sicht vgl.
auch: Werner J. Lange, From Morgan to Boas. The Dematerialization of
American Anthropology. In: Joachim Herrmann/Jens Köhn (Hg.), Familie,
Staat und Gesellschaftsformation. Berlin/DDR 1988, S. 660-664.

((111)) Morris E. Opler in: CA 3/1962, S.479. Ähnlich resummiert auch
Burkhard Ganzer (in: Wolfgang Marschall (Hg.), Klassiker der Kulturanthropologie. München 1990, S.108), Morgans Werk biete „der Interpretation
auffallende Schwierigkeiten, deren Grund häufig in der Uneinheitlichkeit zu
suchen ist, die die Aussagen Morgans zu vielen Punkten kennzeichnet."

((112)) Wolf Schimmang, Frühgeschichte und Utopie. Frankfurt/Main 1979,
S.39/40. Schimmang ebd. weiter: „Aus dieser Hypothese der kausalen Ab-
hängigkeit des Verwandtschaftssystems von den Ehe- und Familienformen
folgte umgekehrt, daß die Gruppenehe ebenso verbreitet gewesen sein mußte
wie das [ihr entsprechende] Verwandtschaftssystem.

((113)) Johann Jakob Bachofen, Das Mutterrecht. Eine Untersuchung über
die Gynaikokratie der alten Welt nach ihrer religiösen und rechtlichen Natur.
Stuttgart 1861. Ebd., S.XVIII: *„ Wie auf die Herrschaft des Mutterrechts die
Herrschaft der Paternalität folgt, so geht jener eine Zeit des regellosen Hetärismus voran"* (zit. n. MEGA 29/2, S.639).
  Engels hob im Vorwort zur 4. Auflage des *‚Ursprung'* (MEW 21,
S.474 ff.) die Entdeckung der ‚Urpromiskuität' und der Matrilinearität sowie
der *‚Gynaiokratie'* (= Matriarchat oder ‚Frauenherrschaft') als die drei großen theoretischen Verdienste Bachofens hervor (vgl. MEGA Bd.29/2, S.603).
Da *„Bachofens dicker Quadrant deutsch geschrieben"* war, sei er indes
„unbekannt" geblieben - so Engels. *„Sein nächster Nachfolger auf demsel-
ben Gebiet"* - John Ferguson McLennan *„trat 1865 auf, ohne von Bachofen
je gehört zu haben" (MEW 21, S.476).*
  Lewis H. Morgan ging in seiner *‚Ancient Society'* im Zusammenhang mit der antiken *Gynaiokratie* zwar an einer Stelle kurz auf Bachofen ein
und bezeichnete dessen Buch als ein *„ Werk umfassenden Forscherfleißes"*
(Die Urgesellschaft. Stuttgart 1891, S.295/96 sowie Fußnote S.385) - er
kannte es also offenbar zumindest flüchtig, war aber möglicherweise erst spät

darauf gestoßen, als seine eigenen Studien bereits weit fortgeschritten waren. Laut DDR-MEGA (Bd. 29/2, S.597 und 603) pflegte Morgan „Kontakte zu in- und ausländischen Gelehrten, darunter zu Bachofen" - Engels nahm jedoch „in stärkerem Umfang, als Morgan es getan hatte, (...) auf die Forschungsergebnisse Bachofens Bezug".

Eine Auswahl aus Bachofens Werken erschien 1927 unter dem Titel ,Mutterrecht und Urreligion' in Stuttgart (Kröners Taschenausgabe Band 52, hg. v. Rudolf Marx), eine jüngere mit dem Titel ,Das Mutterrecht' 1997 in Frankfurt (Suhrkamp Taschenbuch Wissenschaft Bd. 135). Für eine ausführliche, kritische Würdigung von Bachofens Werk und Wirkung aus heutiger Sicht vgl.: Uwe Wesel, Der Mythos vom Matriarchat. Frankfurt/Main 1980 sowie: Peter Davies, Myth, Matriarchy and Modernity. Johann Jakob Bachofen in German Culture 1860-1945. Berlin/New York 2010.

((114)) Joshua McIlvaine, The Life and Works of Lewis Morgan. RHSP II/1923, S.52. zit. n. Carl Resek, Lewis Henry Morgan – American scholar. Chicago 1960, S.95; vgl. Elman Service in: CA 1981, S.28.

((115)) Michael Oppitz in: Christian M. Feest/Karl-Heinz Kohl (Hg.), Hauptwerke der Ethnologie. Stuttgart 2001, S.317/318. Elman R. Service, The Mind of Lewis H. Morgan. In: Current Anthropology 22/1981, S.29. Auch laut Wolf Schimmang (Frühgeschichte und Utopie. Frankfurt/Main 1979, S.39/40), war es „Morgans Freund Reverend Joshua McIlvaine, (...) der ihn zur evolutionistischen Hypothese inspirierte". Morgan sei McIlvaines „kühner These" gegenüber indes eine Zeitlang „skeptisch" gewesen: „Länger als drei Jahre zögerte er, damit an die Öffentlichkeit zu treten. Erst unter dem Druck der wissenschaftlichen Konkurrenz der Briten, vor allem McLennans, (...) entschloß er sich, sie zur Interpretation seines empirischen Materials ausarbeiten und durch einige Vorträge auf ihre Tragfähigkeit zu testen. Die Resonanz war positiv, und Morgan trug sie auf 43 Seiten am Schluß von ,Systems' [of Consanguity] vor, das (...) 1871 erschien."

((116)) Lewis H. Morgan, Die Urgesellschaft. Stuttgart 1891, S.324. Morgan unterschied ebd. S.331 ff. grundsätzlich das bei uns geläufige und nach seinem Entwicklungsmodell für die ,Zivilisation' charakteristische *„deskriptive"* Verwandtschaftssystem und das sog. *„klassifikatorische"*, das für die frühen Kulturen kennzeichnend gewesen sei. In letzterem wurden nach den Worten des Anthropologen *„die Blutsverwandten nie besonders bezeichnet, sondern in Kategorien eingeteilt. (...) So sind meine leiblichen Brüder und die Söhne der Brüder meines Vaters sämtlich meine Brüder; und meine leiblichen Schwestern und die Töchter der Schwestern meiner Mutter sind sämtlich meine Schwestern."* - *„Der radikale Unterschied zwischen beiden Systemen"*, so Morgan, *„entsprang dem Unterschied zwischen den Ehen größerer Gruppen und den Ehen einzelner Paare."*

Engels übernahm dieses damals völlig neuartige Einteilungsschema des amerikanischen Forschers einschließlich seiner Detailbezeichnungen wie ,*hawaiische Familie*' oder ,*Punaluafamilie*' in der Erstausgabe des ,*Ur-*

sprung' nahezu unverändert, während er in der Neuausgabe von 1891 auf der Basis eigener Studien eine Reihe von Ergänzungen und Veränderungen vornahm (MEW 21, S.36 ff.) Auf all diese ziemlich verwickelten Details soll hier aber nicht weiter eingegangen werden, da Morgans' und Engels' Detailkassifikationen aufgrund späterer Forschungen heute vollständig überholt und obsolet geworden sind (vgl. Kapitel 7).

((117)) Vgl. *, Ursprung'*, MEW 21, S. 38: *„Diese Veränderungen sind der Art, daß der Kreis, den das gemeinsame Eheband umfaßt und der ursprünglich sehr weit war, sich mehr und mehr verengt, bis er schließlich nur das Einzelpaar übrig läßt, das heute vorherrscht."*

((118)) Lewis H. Morgan, Die Urgesellschaft. Stuttgart 1891, S.429 und 336. Vgl. ebd. S.325-27, 426 und 434/35.

((119)) Lewis H. Morgan, „Die Urgesellschaft'. Stuttgart 1891, S.331. Ebd. weiter: *„Solange die Ehe eine Gruppenehe war, mußten gleichzeitig in einer jeden von diesen Beziehungen mehrere Personen mit gleicher Wahrscheinlichkeit stehen."*

((120)) Engels im *, Ursprung'* wörtlich: *„Die kommunistischer Haushaltung, in der die Weiber meist oder alle ein und derselben Gens angehören, die Männer aber auf verschiedene Gentes sich verteilen, ist die sachliche Grundlage jener **in der Urzeit allgemein verbreiteten Vorherrschaft der Weiber,** die ebenfalls entdeckt zu haben ein drittes Verdienst Bachofens ist."* (MEW 21, S.54. Hervorh. von mir, MK).

((121)) Nach Tristram Hunt (Friedrich Engels – der Mann, der den Marxismus erfand. Berlin 2012, S.414/15) „war Engels' Ansatz für viele Feministinnen faszinierend, weil er die Geschlechterunterschiede nicht als biologisch determiniert, sondern als ökonomisch produziert verstand: Das Patriarchat war ein Instrument der bürgerlichen Klassengesellschaft und mußte wie diese überwunden werden."

    Siehe als Literatur dazu beispielsweise: Institut für marxistische Studien und Forschungen (Hg.), Matriarchat und Patriarchat. Zur Entstehung der Familie – Beiträge aus der UdSSR, den USA, der DDR. Frankfurt/Main 1986. Maria Mies, Patriarchat und Kapital. Frauen in der internationalen Arbeitsteilung. Rotpunktverlag Zürich 1988. Kate Milett, Sexus und Herrschaft. Die Tyrannei des Mannes in unserer Gesellschaft. München 1971. Shulamith Firestone, Frauenbefreiung und sexuelle Revolution. Frankfurt 1975. Karen Sacks, Engels revisited: women, the organization of production and private property. In: M. Z. Rosaldo/L. Lamphere (Hg.) Woman, Culture and Society. Stanford 1974, S.207-222. Brigitte Fuchs u. a., Feministischer Universalismus und postkoloniale Universalismus-Kritik. In: Karl R. Wernhart/Werner Zips (Hg.), Ethnohistorie – eine Einführung. 4. Auflage Wien 2014, S.187.

((122)) Lewis H. Morgan, Die Urgesellschaft. Stuttgart 1908, S.327/328 und
330.

((123)) Engels an anderer Stelle im ‚Ursprung‘: „Die monogame Familie
(...) ist gegründet auf die Herrschaft des Mannes, mit dem ausdrücklichen
Zweck der Erzeugung von Kindern mit unbestrittener Vaterschaft, und diese
Vaterschaft wird erfordert, weil diese Kinder dereinst als Leibeserben in das
väterliche Vermögen eintreten sollen“ (MEW 21, S.64/65). Wobei Engels in
der Neuausgabe der Schrift von 1891 modifizierte: „Wir haben gesehn, wie
recht Bachofen hatte, wenn er den Fortschritt von der Gruppenehe zur Einzelehe vorwiegend als das Werk der Frauen ansah; nur der Fortgang von der
Paarungsehe zur Monogamie kommt auf Rechnung der Männer; und er
bestand, historisch, wesentlich in einer Verschlechterung der Stellung der
Frauen und einer Erleichterung der Untreue der Mäner“ (MEW 21, S.82).

((124)) Einige Fachleute vertreten die Auffassung, Engels habe bei seiner
Adaption von Morgans Theorie einen deutlich unkritischeren Standpunkt
eingenommen als Karl Marx in seinen ethnologischen Exzerptheften. So
schreibt etwa Werner Petermann (Die Geschichte der Ethnologie. Wuppertal
2004, S.488): „Marx hielt Morgans (...) Korrelation von Verwandtschaft
(Auflösung der *gens*, Bildung der monogamen Familie) und Eigentumsent-
wicklung (hin zum Privateigentum) im Hinblick auf den Übergang von der
primitiven zur bürgerlichen Gesellschaft zurecht für nicht ausreichend: er
stellte daher die Entstehung des Staats in den Vordergrund. Engels setzte die
Bedeutung der Familie und Eheformen stärker ins evolutionäre Recht, als es
Marx vielleicht lieb gewesen wäre, und er integrierte Bachofens mutterrecht-
liche Phase ins Morgansche System.“

((125)) „Der Teil über die Familie im ‚Ursprung‘ ist anfänglich von Engels
in besonders starker Anlehnung an Morgans Vorlage abgefaßt worden“,
schrieb der DDR-Ethnologe Günter Guhr (Über die Entstehung und Bedeutung der Schrift von Friedrich Engels ‚Der Ursprung ... ‘. Dresden 1984,
S.36) dazu. „Im Verfolg der Weiterarbeit hat Engels aber gerade dieses Gebiet bedeutend erweitert.“ Laut redaktioneller Einleitung der DDR-MEGA (I
Band 29/1, S.33) erweiterte Engels in der 4. Auflage von 1891 „das Kapitel 2
über die Familie von 21 auf 44 Seiten. Die Erweiterung betrifft vor allem die
stärkere Herausarbeitung der patriarchalischen Hausgenossenschaft (...)
sowie die ausführliche Darlegung der sozialökonomischen Bedingtheit der
jeweiligen Familienform und der Stellung der Geschlechter zueinander.“

((126)) Lewis H. Morgan, Die Urgesellschaft. Stuttgart 1891, S.329, 415 und
427/28.

((127)) Engels ebd. weiter: „Liebesverhältnisse im modernen Sinne kommen
im Altertum nur vor außerhalb der offiziellen Gesellschaft“, zum Beispiel bei
Hirten, Sklaven oder Hetären. Und ironisch fügte der erklärtermaßen homo-
phobe Engels hinzu: „Und dem klassischen Liebesdichter des Altertums, dem

alten Anakreon, war die Geschlechtsliebe, in unserm Sinne, so sehr Wurst, daß ihm sogar das Geschlecht des geliebten Wesens Wurst war" (MEW 21, S.78).

((128)) Die mittelalterlichen ‚Tageslieder' (= Minnegesänge) *„schildern in glühenden Farben"*, so Engels emphathisch und teilnahmsvoll, *„wie der Ritter bei seiner Schönen – der Frau eines andern – im Bett liegt, während draußen der Wächter steht, der ihm zuruft, sobald das erste Morgengrauen aufsteigt, damit er noch unbemerkt entweichen kann; die Trennungsszene bildet dann den Gipfelpunkt. (…) Unser alter Wolfram von Eschenbach hat über den (...) anzüglichen Stoff drei wunderschöne Tagelieder hinterlassen, die mir lieber sind als seine drei langen Heldengedichte"* (MEW 21, S.72).

((129)) Lewis H. Morgan, Die Urgesellschaft, S.405 und 432.

((130)) Die monogame Familie basierte nach Morgans Worten *„auf der Ehe zwischen einzelnen Paaren unter der Voraussetzung vollständiger ehelicher Treue"* und *„völliger Ausschließung des außerehelichen geschlechtlichen Verkehrs. (...) Die Verpflichtung der Treue und ihre Übung beruht notwendigerweise auf Gegenseitigkeit"* (Die Urgesellschaft. Stuttgart 1891, S.324 und S.328; ähnlich auch S.432).

((131)) Der Begriff ‚Hetärismus' wurde von Johann Jacob Bachofen in seinem 1861 erschienenen Werk ‚*Das Mutterrecht*' geprägt und ist von dem altgriechischen Wort *hetairai* (= ‚Gefährtinnen') abgeleitet. Die antiken Hetären waren gewerbsmäßige Prostitutierte, die im Gegensatz zu den gewöhnlichen Huren (altgriech. *pornai*) kultiviert und gebildet und aus diesem Grund auch durchaus sozial anerkannt waren. Neben Unterhaltungskünsten wie Tanz und Gesang beherrschten sie oftmals auch verschiedene Musikinstrumente und werden als gepflegte erotische Unterhalterinnen nicht selten mit den neuzeitlichen Geishas Japans oder den historischen Kurtisanen und Mätressen in Italien und Frankreich verglichen.

Bachofen und im Anschluß an ihn auch Engels verwendeten den Begriff des Hetärismus aber offenkundig in einer umfassenderen, weiteren Bedeutung als Synonym für außereheliche Beziehungen der Männer und weibliche Prostitution insgesamt.

((132)) Auch an anderer Stelle im ‚*Ursprung*' betonte Engels nachdrücklich den *„spezifischen Charakter"* der Monogamie, *„von Anfang an (...) Monogamie zu sein **nur für die Frau,** nicht aber für den Mann. Und diesen Charakter hat sie noch heute."* *„Von der Ehefrau wird erwartet, daß sie sich alles gefallen läßt, selbst aber strenge Keuschheit und Gattentreue bewahrt"*, führte er weiter aus und beklagte: *„Was bei der Frau ein Verbrechen ist und schwere gesetzliche und gesellschaftliche Folgen nach sich zieht, das gilt beim Mann für ehrenvoll und doch schlimmstenfalls als leichter moralischer Makel, den man mit Vergnügen trägt"* (MEW 21 S.66 und 76; Hervorh. im Original).

((133)) *„Die Männer hatten den Sieg über die Weiber errungen, aber die
Krönung übernahmen großmütig die Besiegten"*, indem sie ihren Männern
die Hörner aufsetzten, spottete Engels im ‚*Ursprung*‘ weiter (MEW 21,
S.70). Deshalb träten mit der monogamen Ehe auch *„zwei ständige gesellschaftliche Charakterfiguren auf, die früher unbekannt waren"*, nämlich *„der
ständige Liebhaber der Frau und der Hahnrei"* (= betrogene Ehemann)
(ebd., S.70).

((134)) *„Welche noblen Vorstellungen Herr Dühring überhaupt vom weiblichen Geschlecht hat"*, schrieb Engels 1878 im ‚*Anti-Dühring*‘ wörtlich,
„ergibt sich aus folgender Anklage [Eugen Dührings, MK] *gegen die heutige
Gesellschaft*:
‚Die Prostitution gilt in der auf Verkauf des Menschen an den Menschen gegründeten Unterdrückungsgesellschaft als selbstverständliche Ergän-
zung der Zwangsehe zugunsten der Männer und es ist eine der begreiflichs-
ten, aber auch bedeutungsvollsten Tatsachen, daß es etwas Ähnliches für die
Frauen nicht geben kann'" [Zitat Eugen Dühring, MK].
*„Den Dank, der Herrn Dühring für dieses Kompliment von seiten
der Frauen zuteil werden dürfte, möchte ich nicht um alles in der Welt ein-
heimsen"*, kommentierte Engels diese Aussage Dührings sechs Jahre vor dem
‚*Ursprung*‘: *„Sollte indes Herrn Dühring die nicht mehr ganz ungewöhnliche
Einkünfteart der Schürzenstipendien gänzlich unbekannt sein? Herr Dühring
ist doch selbst Referendar gewesen und wohnt in Berlin, wo doch schon zu
meiner Zeit, vor sechsunddreißig Jahren* [Engels leistete dort 1841 seinen
Militärdienst ab, MK], *um von den Lieutnants nicht zu reden, Referendarius
sich oft genug reimte auf Schürzenstipendarius!"* (MEW 20, S.303).

((135)) Vgl. Engels MEW 21, S.69: *„So ist die Erbschaft, die die Gruppenehe der Zivilisation vermacht hat, eine doppelseitige, (...) in sich gespalten,
gegensätzlich: hier die Monogamie, dort der Hetärismus mitsamt seiner
extremsten Form, der Prostitution"*. Die Prostitution aber wirke *„demorali-
sierend"*, und zwar *„demoralisiert (sie) die Männer noch weit mehr als die
Frauen"* und *„erniedrigt den Charakter der gesamten Männerwelt"* (MEW
21, S.76/77).

((136)) *„In der alten kommunistischen Haushaltung, die viele Ehepaare und
ihre Kinder umfaßte, war die den Frauen übergebne Führung des Haushalts
ebenso eine öffentliche, eine gesellschaftlich notwendige Industrie wie die
Beschaffung der Nahrungsmittel durch die Männer"*, schrieb Engels im
‚*Ursprung*‘ wörtlich zu diesem Thema. *„Mit der patriarchalischen Familie
und noch mehr mit der monogamen Einzelfamilie wurde dies anders. Die
Führung des Haushalts verlor ihren öffentlichen Charakter. Sie ging die
Gesellschaft nichts mehr an. Sie wurde ein Privatdienst; die Frau wurde
erste Dienstbotin, aus der Teilnahme an der gesellschaftlichen Produktion
verdrängt. Erst die große Industrie unsrer Zeit hat ihr – und auch nur der
Proletarierin – den Weg zur gesellschaftlichen Produktion wieder eröffnet.
Aber so, daß, wenn sie ihre Pflichten im Privatdienst der Familie erfüllt, sie*

von der öffentlichen Produktion ausgeschlossen bleibt und nichts erwerben kann; und daß, wenn sie sich an der öffentlichen Industrie beteiligen und selbständig erwerben will, sie außerstand ist, Familienpflichten zu erfüllen" (MEW 21, S.75).

Eine Analyse, die auch heute noch angesichts der Debatten um die Aufteilung der Familienarbeit und die Mütterrente erstaunlich aktuell und modern anmutet.

((137)) *„Da nun die Geschlechtsliebe ihrer Natur nach ausschließlich ist, (...) ist die auf Geschlechtsliebe begründete Ehe ihrer Natur nach Einzelehe"*, so Engels im *‚Ursprung'* wörtlich (MEW 21, S.82). Und an anderer Stelle seiner Schrift: *„Wirkliche Regel (...) wird die Geschlechtsliebe und kann es nur werden unter den unterdrückten Klassen, also heutzutage im Proletariat – ob dies Verhältnis nun ein offiziell konzessioniertes oder nicht"*. Denn *„hier sind (...) alle Grundlagen der klassischen Monogamie beseitigt. Hier fehlt alles Eigentum, zu dessen Bewahrung und Vererbung ja gerade die Monogamie und die Männerherrschaft geschaffen wurden, und hier fehlt damit auch jeder Antrieb, die Männerherrschaft geltend zu machen. (...) Da entscheiden ganz andere persönliche und gesellschaftliche Verhältnisse"* (MEW 21, S.73).

((138)) Dies mache in der Konsequenz aber auch die Erleichterung der Ehescheidung zu einer Notwendigkeit, so Engels weiter, denn *„ist nur die auf Liebe gegründete Ehe sittlich, so auch nur die, worin die Liebe fortbesteht."* Sei dies hingegen nicht mehr der Fall, so sei *„die Scheidung für beide Teile wie für die Gesellschaft eine Wohltat. Nur wird man den Leuten ersparen, durch den nutzlosen Schmutz eines Scheidungsprozesses zu waten"* (MEW 21, S.83).

((139)) *„Die Prostitution verschwindet, die Monogamie, statt unterzugehn, wird endlich eine Wirklichkeit – auch für die Männer"* – so Engels MEW 21, S.77.

((140)) Der Passus lautet in voller Länge: *„Was wir also heutzutage vermuten können über die Ordnung der Geschlechtsverhältnisse nach der bevorstehenden Wegfegung der kapitalistischen Produktion ist vorwiegend negativer Art, beschränkt sich meist auf das, was wegfällt. Was aber wird hinzukommen? Das wird sich entscheiden, wenn ein neues Geschlecht herangewachsen sein wird: ein Geschlecht von Männern, die nie in ihrem Leben in den Fall gekommen sind, für Geld oder andre soziale Machtmittel die Preisgebung einer Frau zu erkaufen, und von Frauen, die die nie in den Fall gekommen sind, weder aus irgendwelchen andern Rücksichten als wirklicher Liebe sich einem Mann hinzugeben, noch dem Geliebten die Hingabe zu verweigern aus Furcht vor den ökonomischen Folgen. Wenn diese Leute da sind, werden sie sich den Teufel darum scheren, was man heute glaubt, daß sie tun sollten; sie werden sich ihre eigne Praxis und ihre danach abgemeßne* *öffentliche Meinung über die Praxis jedes Einzelnen selbst machen – Punktum"* (MEW 21, S.83).

((141)) „Das Problem von Ehe und Familie stellte sich der Arbeiterklasse unter den Bedingungen der großen Industrie (…) in neuer Weise", schrieben die Herausgeber der DDR-MEGA-Ausgabe des ‚*Ursprung*' in ihrer redaktionellen Einleitung dazu. Daher „gehörte das Kapitel über die Familie zu den Kapiteln mit den seinerzeit aktuellsten Bezügen und Folgerungen für Gegenwart und Zukunft" (MEGA I, 29/1, S.32/33).

((142)) Lewis H. Morgan, Die Urgesellschaft'. Stuttgart 1891, S.328 und 415. Die Passage lautet in voller Länge: „*Wir können in den vorhandenen Zeugnissen die Entwicklung der monogamischen Familie durch nahezu dreitausend Jahre verfolgen, während derer, wie man wohl behaupten kann, eine allmähliche, aber beständige Verbesserung ihres Wesens stattgefunden hat. Sie ist bestimmt, noch weiter vorzuschreiten, bis die Gleichheit beider Geschlechter anerkannt und die volle Gegenseitigkeit der ehelichen Rechte und Pflichten durchgeführt sein wird.*"
Nur sehr undeutlich spekulierte Morgan in seiner ‚*Urgesellschaft*' (S.415) weiter: „*Vielleicht wird einmal in entfernter Zukunft, wenn die Zivilisation beständig weiter fortschreitet, die monogamische Familie nicht mehr im Stande sein, den Bedürfnissen der Gesellschaft zu entsprechen; aber es ist unmöglich, vorherzusagen, welcher Art in diesem Fall ihre Nachfolgerin sein wird.*"

((143)) Lewis H. Morgan, Die Urgesellschaft. Stuttgart 1891, S.324 und S.328; ähnlich auch auf S.432.

((144)) Stephan Born, Erinnerungen eines Achtundvierzigers. Neuausgabe Bonn 1978, S.41.

((145)) Siehe dazu u. a.: Heinrich Gemkow/Rolf Hecker, Unbekannte Dokumente über Marx' Sohn Frederick Demuth. In: Beiträge zur Geschichte der Arbeiterbewegung 4/1994, S.43-59. Izumi Omura u. a. (Hg.), Karl Marx ist mein Vater. Eine Dokumentation zur Herkunft von Frederick Demuth. Tokio 2011. Tom Strohschneider, Marx, Engels und das Geheimnis um die Vaterschaft von Frederick Demuth. In: OXI 1/2018 vom 23. 1. 2018 (auch online verfügbar).
Gerd Koenen (Die Farbe Rot. München 2017, S.363 und 1070) stellt Marx' Vaterschaft zwar unter Berufung auf Terrell Carver in Frage, doch erscheinen die diesbezüglichen Einwände angesichts der ziemlich eindeutigen Indizienlage wenig überzeugend.

((146)) Wie eng das persönliche Verhältnis Helena Demuths zu den Marxens war, verdeutlicht auch die Tatsache, dass sie nach ihrem Tod 1890 in deren Familiengrabstätte beigesetzt wurde.

((147)) Walther Victor, General und die Frauen, Berlin 1932. Heinrich Gemkow, Fünf Frauen an Friedrich Engels' Seite. In: Beiträge zur Geschichte der Arbeiterbewegung 37/1995, S.47-58. Gisela Mettele, Mary und Lizzy Burns. In: Marx-Engels-Jahrbuch 2011. Günter Mager, Engels und die Schwestern Burns. Dresden/Sargans 2019.

Auf einer sogenannten ‚Bekenntnisliste‘ *(confession list)* von Marx' Tochter Jenny antwortete Engels 1868 auf die Frage *„Ihr Held?“*: *„Keiner“*. Auf die Frage *„Ihre Heldin?“*: *„Zu viele, um eine zu nennen“* (zit. n. Tristram Hunt, Friedrich Engels. Berlin 2012, S.308 sowie: *Mohr und General.* Erinnerungen an Marx und Engels. Berlin 1964/1982, S.548/49). Die Frage *„Ihre Abneigung?“* beantwortete er andererseits mit der Angabe: *„Affektierte, hochnäsige Frauen“*, was seinen Niederschlag auch in einer Reihe wenig respektvoller Äußerungen über Damen der gehobenen Gesellschaft in seiner Korrespondenz gefunden hat. Charakteristisch dafür etwa sein Kommentar über die amerikanische Frauenrechtlerin Florence Kelley-Wischnewetzky, nachdem sich diese wegen eines ausgefallenen Treffens bei seiner Amerikareise 1889 bei ihm beschwert hatte: *„**Mutter Wischnewetzky** ist sehr beleidigt, daß ich (…) ihr nicht einen Besuch in Long Branch abgestattet“*, ätzte Engels' daraufhin in einem Brief an seinen alten Freund Friedrich Adolph Sorge. *„Sie scheint wegen Etikettenbruchs und Mangel an Galanterie gegen ladies verletzt. Ich erlaube aber nicht den **Women's-rights-Madämchen**, von uns Galanterie zu verlangen: wollen sie Männerrechte, sollen sie sich auch als Männer behandeln lassen. Sie wird sich aber wohl beruhigen“* (MEW Bd.37, S.137; Hervorh. von mir, MK).

Auch der überwiegend von gutsituierten bürgerlichen Damen getragenen Frauenbewegung des 19. Jahrhunderts stand Engels aufgrund dieser Empfindungslage eher skeptisch bis ablehnend gegenüber. Siehe zu dem Thema ausführlicher: Tristram Hunt, Friedrich Engels. Berlin 2012,S.412-418.

((148)) Gisela Mettele, Mary und Lizzy Burns. Die Lebensgefährtinnen von Friedrich Engels. In: Marx-Engels-Jahrbuch 2011, S.136. Ebd. Zitat aus einem von Engels' Macho-Briefen an Marx vom 9. März 1847: *„Hätt ich 5000 fr. Renten, ich thät nichts als arbeiten und mich mit den weibern amüsiren bis ich kaput wär. Wenn die Französinnen nicht wären, wär das Leben überhaupt nicht der Mühe werth. Mais tant qu'il y a des grisettes, va! [...] Du mußt herkommen!“* Mit modernisierter Orthografie auch zitiert in: Manfred Kliem, Friedrich Engels – Dokumente seines Lebens. Frankfurt 1977, S.173.

((149)) Gisela Mettele, Mary und Lizzy Burns. Die LebensgefährtInnen von Friedrich Engels. In: Marx-Engels-Jahrbuch 2011, S.137. Zu einem ähnlichen Urteil gelangt auch Gerd Koenen, Die Farbe Rot. München 2017, S.366.

((150)) Siehe dazu: Manfred Kliem, Friedrich Engels – Dokumente seines Lebens. Frankfurt 1977, S. 489-492. Helmut Hirsch, Friedrich Engels in

Selbstzeugnissen und Bilddokumenten. Reinbek bei Hamburg 1968, S.119-121; dort ist auch ein Foto der Heiratsurkunde abgebildet.

((151)) Brief von Eleanor Marx aus dem Jahr 1869, zit. n. Gisela Mettele, Mary und Lizzy Burns. In: Marx-Engels-Jahrbuch 2011,S.144/45. Vgl. Heinrich Gemkow, Fünf Frauen an Friedrich Engels' Seite. In: Beiträge zur Geschichte der Arbeiterbewegung 37/1995, S.47-58 sowie: Gerd Koenen, Die Farbe Rot. München 2017, S.365-67.

((152)) Tristram Hunt, Friedrich Engels. Berlin 2012, S.307. Unwillkürlich kommt einem in diesem Zusammenhang Engels' Satz „*kommunistischer Haushalt bedeutet aber Herrschaft der Weiber im Hause*" aus dem ‚*Ursprung*' in den Sinn (MEW 21, S.53), und ebenso die ironische Klage des damals bereits Siebzigjährigen über eine ungelegene Störung bei der Neubearbeitung der Schrift im Jahr 1891: „*Ich habe mich auf ein paar Tage hierher zu Pumps* [= Lizzie Burns' Nichte Mary Ellen, MK] *gerettet, es wurde zu arg mit den auf mich einstürmenden Arbeiten. Eben saß ich glücklich und vergnügt in der Gruppenehe, da kam das Parteiprogramm mir auf den Pelz und das mußte vorgenommen werden ...* " (Friedrich Engels am 29. Juni 1891 an Karl Kautsky; MEW 38, S.125/26).

((153)) Friedrich Engels, Die Lage der arbeitenden Klasse in England. MEW 2, S.373. Bis heute ist übrigens nicht sicher geklärt, ob Engels Mary Burns gewissermaßen ‚dienstlich' im väterlichen Unternehmen in Manchester kennenlernte oder in einem anderen Zusammenhang bei den Recherchen für sein Buch.

((154)) Brief von Louise Freyberger-Kausky an August Bebel vom 2. September 1898, zit. n. Werner Blumenberg, Karl Marx in Selbstzeugnissen und Bilddokumenten. Reinbek bei Hamburg 1962, S.115-117. Vgl. dazu auch Fritz J. Raddatz, Karl Marx. Eine politische Biographie. Hamburg 1975, S.205-211.
    Engels' Vertraute berichtete in ihrem Schreiben an Bebel weiter, Marx' Tochter Eleanor habe zunächst „*behauptet, daß General lüge und daß er stets selbst gesagt habe, er sei der Vater.* " Engels habe diesen Vorwurf jedoch seinem Leibarzt gegenüber mit den Worten zurückgewiesen: „*Tussy wants to make an idol of her father*" (‚Eleanor will aus ihrem Vater einen Heiligen machen'). Louise Freyberger-Kausky war die geschiedene erste Frau von Engels' langjährigem Briefpartner und publizistischem Kontaktmann Karl Kautsky, dem späteren Cheftheoretiker der Sozialdemokratie (vgl. Kapitel 2).

((155)) Werner Blumenberg, Karl Marx in Selbstzeugnissen und Bilddokumenten. Reinbek bei Hamburg 1962, S.115. Engels selbst mokierte sich 1883 im ‚Sozialdemokrat' über die „*verlogene spießbürgerliche Moralprüderie*" mit den Worten: „*Es wird nachgerade Zeit, daß wenigstens die deutschen Arbeiter sich gewöhnen, von Dingen, die sie täglich oder nächtlich selbst treiben, von natürlichen, unentbehrlichen und äußerst vergnüglichen Dingen ebenso unbefangen zu sprechen wie die romanischen Völker, wie Homer und Plato, wie Horaz und Juvenal, wie das Alte Testament und die ‚Neue Rheinische Zeitung'"* (Friedrich Engels in: ‚Der Sozialdemokrat' Nr.24 vom 7. Juni 1883. MEW 21, S. 5-8. Vgl. Manfred Kliem, Friedrich Engels – Dokumente seines Lebens. Frankfurt 1977, S.173).

((156)) zit. n. OXI 1/2018 vom 23. 1. 2018.

((157)) Friedrich Engels am 12. 11. 1890 an Adolf Rieker, MEGA III. Briefwechsel Bd. 30. Zit. n. wikipedia.de, Stichwort ‚Demuth'.

((158)) Alle Angaben nach Tristram Hunt, Friedrich Engels. Berlin 2012, S.270-272 sowie David Heisler in: Spiegel 44/1972, S.190. Vgl. dazu auch Fritz J. Raddatz, Karl Marx. Eine politische Biographie. Hamburg 1975, S.205-211.

((159)) Michael Oppitz in: Christian F. Feest/Karl-Heinz Kohl (Hg.), Hauptwerke der Ethnologie. Stuttgart 2001, S.320. Burkhard Ganzer, Lewis Henry Morgan. In: Wolfgang Marschall (Hg.), Klassiker der Kulturanthropologie. München 1990, S.108. Carl Resek, Lewis Henry Morgan – American scholar. Chicago 1960, S.vii: „Morgan created the science of anthropology".

((160)) Werner Petermann, Die Geschichte der Ethnologie. Wuppertal 2004, S.483.

((161)) Burkhard Ganzer, Lewis Henry Morgan. In: Wolfgang Marschall (Hg.), Klassiker der Kulturanthropologie. München 1990, S.107/108. Ganzer dort wörtlich: „Diese Tendenz zur Selektion wirkte sich dahin aus, daß das Bild, das Morgan von der primitiven Gesellschaft als solcher entwarf, im ganzen verzerrt war, daß es in hohem Maße die Züge der egalitären, demokratischen, matrilinearen und in Gentes und Föderationen organisierten Irokesen trug, die aber unter den amerikanischen Indianern - und erst recht unter den ‚Naturvölkern' allgemein - durchaus eine Sonderbildung darstellten."

((162)) Lewis H. Morgan, Die Urgesellschaft. Stuttgart 1891, S.73 und 132 (Hervorh. von mir, MK). Ebd. S.128-154 listete Morgan die Verhältnisse bei den einzelnen Indianerstämmen und –gruppen im Detail auf.

((163)) Siehe dazu aus früherer DDR-Sicht: Heinz Israel, Zur Stellung der Frau in der Gesellschaft der Inuit (Eskimo). In: Joachim Herrmann/Jens Köhn (Hg.), Familie, Staat und Gesellschaftsformation. Berlin 1988, S.282-286.

((164)) Bernd Arnold, Fragen des Übergangs vom Mutterrecht zum Vaterrecht bei Völkern Südwest-Tansanias. In: Joachim Herrmann/Jens Köhn (Hg.), Familie, Staat und Gesellschaftsformation. Berlin 1988, S.262-267. Zitat ebd. S.265.

((165)) Als exemplarische Einstiegsliteratur in die betreffenden Forschungen und Diskussionen eignen sich beispielsweise folgende Übersichtswerke, die auch die Bandbreite der aktuellen Diskussion wiederspiegeln: Brigitte Röder u.a., Göttinnendämmerung – das Matriarchat aus archäologischer Sicht. München 1996, Neuausg. Krummwisch 2001. Ernest Bornemann, Das Patriarchat. Frankfurt am Main 1975, TB-Ausgabe 1980. Uwe Wesel, Der Mythos vom Matriarchat. Über die Stellung von Frauen in frühen Gesellschaften. Berlin 1980/1999. Marija Gimbutas, Die Zivilisation der Göttin. Frankfurt/Main 1996. Ruth Hecker, Urmütter der Steinzeit. Katalogbuch 2001 mit vielen Abb.Linda R. Owen, Distorting the Past. Gender and the division of labor in the European upper Paleolithic. Tübingen 2005.

((166)) Kurze zusammenfassende Übersichten über die heutige ethnographische Verwandtschaftsforschung finden sich beispielsweise in: Ernst Wilhelm Müller, Ethnologie der Verwandtschaft. In: Hans Fischer (Hg.), Ethnologie – eine Einführung. Berlin 1983, S.147-165. Prinzipien der Genealogie. In: Fritz Kramer/Christian Sigrist (Hg.), Gesellschaften ohne Staat Band 2. Frankfurt 1978, S.9-98. Stichwort ‚Verwandtschaft‘. In: Dieter Haller/Bernd Rodekohr, dtv-Atlas Ethnologie. München 2005, S.212-227.

((167)) Emmanuel Terray, Morgan und die zeitgenössische Anthropologie. In: Ders, Zur politischen Ökonomie der ‚primitiven‘ Gesellschaften. Frankfurt/Main 1974, S.90.

((168)) Semjonow und Guhr zit. n.: Institut für marxistische Studien und Forschungen (Hg.), Matriarchat und Patriarchat. Zur Entstehung der Familie – Beiträge aus der UdSSR, den USA, der DDR. Frankfurt/Main 1986, S.105/108 (Semjonow) und S.102/103 (Guhr). In seiner ausführlicheren Publikation: Über die Entstehung und Bedeutung der Schrift von Friedrich Engels ‚*Der Ursprung der Familie* ... ‘ (Dresden 1984, S.38) führte Guhr zum Thema weiter aus: „Die methodischen Mittel, mit denen Morgan [in der Familienfrage, MK] arbeitete und die Engels akzeptierte, (…) können von der heutigen ethnographischen Forschung nicht bestätigt werden. Seine Annahme, die Verwandtschaftssysteme behielten ideell noch über ganze Kulturepochen ehemalige Eheformen bei, wenn die Familienbildungen sich längst fortentwickelt haben, hat sich als nicht gültig erwiesen.“ Vgl. zum Thema auch den Konferenzband: Joachim Herrmann/Jens Köhn (Hg.), Familie, Staat und Gesellschaftsformation - Grundprobleme vorkapitalistischer Epochen. Berlin 1988, bes. S. 251-286.

((169)) Joachim Herrmann, Einführung in Engels‘ Schrift ‚*Der Ursprung der Familie*... ‘. Berlin 1984, S.28/29. Heinz Grünert u. a., Geschichte der Urgesellschaft. Berlin 1982, S.29 und 36.

((170)) *„Die Familie (...) ist ein Produkt des gesellschaftlichen Systems und reflektiert dessen Kultur“*, brachte Morgan diese grundlegende Erkenntnis

1877 in seiner *,Ancient Society'* knapp und treffend auf den Punkt (Die Urgesellschaft. Stuttgart 1891, S.415).

((171)) Morgans besondere Leistung bestehe darin, dass er „eine eigenständi-
ge Entwicklungsreihe der Familie erarbeitete, die nicht mehr mit dem mono-
gamischen Paar anfing", konstatierte schon 1980 der DDR-Völkerkundler
Günter Guhr (in: Institut für marxistische Studien und Forschungen (Hg.),
Matriarchat und Patriarchat. Zur Entstehung der Familie – Beiträge aus der
UdSSR, den USA, der DDR. Frankfurt/Main 1986, S.90).

((172)) Emmanuel Terray, Morgan und die zeitgenössische Anthropologie.
In: Ders, Zur politischen Ökonomie der ,primitiven' Gesellschaften. Frank-
furt/Main 1974, S.90. Terray ebd. S.91/92 weiter: „Unter diesem Gesichts-
punkt betrachtet, könnte man in *,Ancient Society'* sogar den Ausgangspunkt
aller von der Anthropologie bis in unsere Tage hinein zurückgelegten Wege
erkennen. (…) Morgans Buch, mit seinen Niederlagen und Erfolgen, seinen
Fehlern und seinen Unklarheiten sowie seinen Entdeckungen bildet die beste
Einführung in diese Wissenschaft".

Martin Kuckenburg (geb. 1955 in Erfurt) studierte Vor-
und Frühgeschichte, Urgeschichte und Völkerkunde in
Tübingen und arbeitet seit 1989 als Wissenschaftsautor
über archäologische und kulturgeschichtliche Themen.
Zahlreiche Buch- und Zeitschriftenveröffentlichungen
unter anderem zum Neandertaler und zur Menschwerdung, zur Entstehung von Sprache und Schrift sowie über
die Geschichte und Kultur der Kelten.